大宋士子的五场人生

科场 官场 欢场 酒场 文场

杜　衡◎著

古吴轩出版社

图书在版编目（CIP）数据

大宋士子的五场人生 / 杜衡著 . -- 苏州 : 古吴轩
出版社 , 2022.4

ISBN 978-7-5546-1885-1

Ⅰ . ①大… Ⅱ . ①杜… Ⅲ . ①知识分子－研究－中国
－宋代 Ⅳ . ① D691.71

中国版本图书馆 CIP 数据核字（2022）第 002063 号

特约编辑：宋　强
责任编辑：徐小良
装帧设计：苏州要壶文化传媒有限公司
责任校对：周　娇
责任照排：常小胖

书　　名：大宋士子的五场人生
著　　者：杜　衡
出版发行：古吴轩出版社
地址：苏州市八达街118号苏州新闻大厦30F
电话：0512-65233679　　邮编：215123
出 版 人：尹剑峰
印　　刷：河北盛世彩捷印刷有限公司
开　　本：700×1000　1/16
印　　张：16.75
字　　数：203千字
版　　次：2022年4月第1版　第1次印刷
书　　号：ISBN 978-7-5546-1885-1
定　　价：56.00元

如有印装质量问题，请与印刷厂联系。0512-65227688

序 章 | 梦回大宋访文人

宋哲宗绍圣元年（1094）十一月二十六日，大宋惠州城外，嘉祐寺松风亭内，一个约60岁的老人正坐在石凳上挥毫。他身材高大，面容清瘦，神态略显疲惫，双眼却炯炯发亮。他身边站立着一个约30岁的女子，她面容姣好，神态温婉，却有掩饰不住的憔悴。

老人写完，转身把墨迹未干的宣纸交给女子。女子满眼含笑地看着纸上熟悉的笔迹，见是一首《朝云诗》："不似杨枝别乐天，恰如通德伴伶玄。阿奴络秀不同老，天女维摩总解禅。经卷药炉新活计，舞衫歌板旧因缘。丹成逐我三山去，不作巫阳云雨仙。"诗未读完，女子已是双眼微湿：这是要做人生告别的征兆吗？她张开双唇，欲言又止。老人却呵呵一笑，转身说道："梅开何处不从容啊！你看这亭下几株梅花也正盛开呢！"说罢，他复又坐下，伸手取笔，在铺好的宣纸上一挥而就，写下另一首诗："松风亭下荆棘里，两株玉蕊明朝瞰。海南仙云娇堕砌，月下缟衣来扣门。"

"不愧是心胸豁达的苏大学士啊！"忽然亭子外传来音调奇怪的口音，似官话又绝非官话。老人转过脸，看见一个衣着怪异的男子健步走进亭内。男子约莫50岁，窄衣瘦裤，头上无帽，连头发也都只有二寸来长。来人朝老人深深一揖，说道："在下唐突，学士勿怪！"原来，这老人正是宋朝首屈一指的大文豪苏轼苏东坡。此时苏轼满心疑惑，拱手还礼道："足下何来，有何见教？"来人道："在下醒着先生，来自千年之后，此来只为一睹东坡先生和大宋文人风采！"

苏轼邀请醒着先生在面前的石凳上坐定，然后叫朝云拿出茶炉茶壶，一边烧水备茶，一边慢慢聊天。

醒着先生告诉苏轼：大宋之后，这片土地还将经历元、明、清三个封建王朝。纵观历代王朝，尤慕大宋文化发达，大宋文人最具气节、最有心胸、最为务实，所以特来大宋探究一番。

见苏轼似懂非懂，醒着先生便举一例："东坡先生一生忠君爱民，却屡屡被贬。如今再次南迁，上月初到达惠州，僦居合江楼，仅半月就被官府逐出，栖身这嘉祐寺，先生却没有怨恚之言，依然自信乡野梅开明月自来，这是何等旷达、何等淡然！"

听罢此言，苏轼捋须一笑道："依足下所言，此种心胸与风骨为我大宋文人所共有，非苏某一人专擅。"

醒着先生问："那么，为何大宋文人能有此等心胸与风骨？"

苏轼并不答话，而是拿起朝云递送过来的茶盏，以竹勺撮少量茶粉入盏，再倒入少量开水，先将茶粉捏成茶团，陆续添加开水，用类似于打蛋器的器具在茶盏内猛力搅动、击打……少顷，茶盏表面浮起一层白色的泡沫，并呈现出星星月亮之类的优美图案。醒着先生突然想起：这就是宋代著名的点茶啊！点好茶，苏轼微笑着把茶汤分舀到二人面前的杯子中。

就着茶的芳香，苏轼娓娓道来："欲了解大宋文人精神之养成，须从大宋学子，尤其是寒门子弟求学科举开始探求。范文正公讳仲淹，与其同谋庆历新政的杜正献公讳衍，在下恩师欧阳文忠公讳修等众多前贤，皆是出身寒素，经科举入仕而终成文坛巨擘、朝廷宰辅。

除他们自身刻苦外，更因我大宋科举至公至正，朝廷不负我大宋士子，我辈士子也决不负朝廷。入仕以来，又遇我大宋历代圣王与士大夫共治天下，并能容我辈狂言。如此，我辈居庙堂则勇于任事，处江湖则心忧民瘼，又何暇自哀自叹？"

醒着先生不住点头称是。

苏轼接着说道："我辈士人，自古讲求立德、立功、立言。为官为人清正有节，足为后世垂范，是为大德；而男欢女爱、推杯把盏间，亦讲细德。匡扶朝政，造福万姓，是为立功。著书立说，传诸后世，是为立言。足下既探访我大宋文人风骨，于此数处，不可不一一考察！"

"妙哉！妙哉！"听到处此，醒着先生站起身，鼓掌大笑道，"在下受教，当一一拜访诸位前贤！"

得意忘形时脚下不稳，醒着先生猛然跌倒，再翻身而起，发现自己正趴卧在书房的电脑前。原来刚才是南柯一梦。然而回忆梦中情形，苏轼所言犹声声在耳。

陈寅恪先生有名言："华夏民族之文化，历数千载之演进，造极于赵宋之世。"宋代文化为何能登峰造极？宋代文人在其中扮演了何种角色？宋代文人真正面目如何？醒着先生忽然想到，按照梦中苏轼的指教一一探寻，这几个问题似乎可以看出端倪。

于是，他回到书桌边，希望再次梦回大宋，走近那些文化巨人，从他们的一言一行中感受他们的风骨，并从中探求"大宋为什么成为大宋"的秘密……

目录 CONTENTS

科场篇

大宋王朝采取种种措施以确保科举考场"无情如造化，至公如权衡"，使每一位士子都乐于相信朝廷的公正，相信努力的结果，这为大宋精神的形成奠定了第一块基石。

官场篇

大宋开国皇帝赵匡胤设立"与士大夫治天下"及"不杀士大夫及言事者"的文官治国策略，极大激发了文人作为国家主人翁的豪情，奠定了大宋精神的第二块基石。

欢场篇

有人说，社会对待女性的态度，标志着一个时代文明的高度。从这个角度我们看到：大宋朝代的文明上限已经很高了，而其下限仍然很低。

酒场篇

酒风即作风，从某方面看，这话自有道理。大宋文人酒局的风雅与热烈，是他们自身境遇与精神世界的真实写照。

文场篇

作为文人，文章是其立命之本，是其生命价值的体现。大宋文坛有无数精彩绝伦的故事，这里只记录几个与"立命"有关的。

科场篇

大宋王朝采取种种措施

以确保科举考场"无情如造化，至公如权衡"，

使每一位士子都乐于相信朝廷的公正，相信努力的结果，

这为大宋精神的形成奠定了第一块基石。

大宋学子十年寒窗苦与乐（一）

读书求学是成为文人、走向仕途的起点。所谓十年寒窗，必定要经历无数艰辛困苦。宋代读书人所要经历的艰难，更是超出了我们的想象；而他们所能取得的辉煌，也超过了我们的预期。"书卷多情似故人，晨昏忧乐每相亲。"大宋士子的求学之路，其苦与乐都令人瞩目。

两位苦学少年

公元 1010 年（宋真宗大中祥符三年），欧阳修经历了人生的第一次重大变故——父亲欧阳观在这一年去世，享年 59 岁。欧阳观一生很不得志，直到 49 岁才考中进士。做官仅仅 10 年就匆匆离世，留下了年仅 29 岁的妻子、只有 4 岁的欧阳修和更幼小的女儿。10 年间，欧阳观辗转奔波于今天的湖南、安徽、四川、江苏各地，一直是判官、推官一类的低级官员，主要职责是管理文书、审判案件。像他这类低级官员，收入除了糊口，大约也只够支付往来各地的路费，没法给小欧阳修留下什么遗产。欧阳修的爷爷欧阳偃曾向南唐朝廷进献著作，得以入仕为官，最终的职务也只是南京街院判官，去世时年仅 38 岁，也没有能力为欧阳家族攒下家产。

本来家底就薄，父亲一去世，欧阳修一家人顿时陷入困境。无奈之下，欧阳修兄妹只能在母亲郑氏带领下投奔千里之外的叔父欧阳晔。欧阳晔当时在偏远的随州担任推官，同样是低级官员，除了给予一些生活方面的必要照料，实在无力给小欧阳修提供像样的学习环境。

年轻的郑氏坚决摒弃再嫁的想法，这在那个时代并不多见。她只有一个念头：想尽办法为欧阳修创造学习条件。买不起书，郑氏只能凭借自己幼年所学，教孩子背诵一些唐诗和《百家姓》等蒙学读物。买不起纸和笔，她就从池塘边取沙子，回家后平铺在院子里，用芦苇秆在上面写字，写完再抹平，反复使用。这就是"画荻教子"典故的来源。随着欧阳修慢慢长大，母亲记忆中的有限知识已经无法满足他的需求，他到处找书阅读。当时随州这种偏僻的地方，读书人很少，幸好城南有位姓李的大户人家有些藏书。欧阳修经常去李家借阅，渐渐"啃"完了李家所有书本。10岁那年，他就自己在李家翻箱倒柜地找书。找来找去，他发现一堵墙后有一个破筐，拖出来打开一看，里面竟然藏有一部《昌黎先生文集》。这是唐代文豪韩愈的文章合集，书脊上的装订线已经断掉，还有大量书页脱落、顺序颠倒，但它仍然让欧阳修喜出望外，连忙借回家中小心抄录了一本。这成为他一生中最珍贵的藏书之一，此后50多年欧阳修一直将它带在身边，一有机会便对照善本校对改正。

欧阳修求学的艰苦几乎就是韩亿的翻版。

韩亿比欧阳修大35岁。欧阳修投奔叔父的那一年，韩亿正担任洋州（今陕西西乡县）知州，已经飞奔在人生的辉煌之路上。韩亿后来与欧阳修私交不错，他的第六个儿子韩缜（后来也成为宰相）在举办成人仪式时还是由欧阳修赐字"玉汝"。

韩亿出生时家里的经济状况比欧阳修更糟糕，其出身比欧阳修更为低微。

韩亿的先辈中没有人做过官，甚至没有几个人在历史上留下名字。我们只知道，韩亿的父亲名叫韩保枢，年轻时读过书，但一生没有考取功名，是那种典型的潦倒书生。

与欧阳修一样，少年韩亿基本上是靠借书获取知识的。那时候，雕版印刷的书籍还很少，一般书册都由手工抄写、装订。韩亿每次借来书籍，都要在第一时间认真抄录一册。如果原书有页面脱落，他会把脱页按照原样一丝不差地缝好粘紧，然后尽快归还。做好这一切，韩亿才能安心坐下来，细细阅读抄写下来的"新书"。

学而优则仕，读书是为了科举以谋求一官半职的。读书人如果写一手"丑书"，必将极大影响考试成绩。因此，练习书法也与增长学问一样，是学子们必须训练的功课。练习书法需要大量纸张。没有钱买纸，韩亿就在门前几块大而光滑的石头上写字——白天写完，晚上用清水擦洗干净，第二天接着用。遇到烈日及小雨，就撑开一柄破伞遮日挡雨，坚持在石头上练习。

就是在这样缺书少纸的恶劣条件下，韩亿、欧阳修，这两位宋朝早中期的少年，坚持完成了自己的学业。

寒窗一苦：无书可读

在"城南借书"20多年之后，欧阳修又一次经历了人生的重大变故，让他再次体会到读书的不易。

差不多 30 岁那年，欧阳修已经在朝廷担任大理评事兼监察御史，正是前程似锦、意气风发的大好年华。但因为替范仲淹辩护，并大骂谏官高若讷对范仲淹落井下石为"不复知人间有羞耻事"，欧阳修被贬到偏远的夷陵（今湖北宜昌）担任县令。

到任不久，有一天办完公事，一身疲惫的欧阳修想找一本史书放松放松，最好是《史记》或《汉书》。他让手下人到县衙去拿书，没想到翻完县衙各处竟然找不到。那就向私人去借吧。县令大人发话了，手下人立马全城寻书，但找遍县城的读书人家依然无法找到一本！失望至极的欧阳修实在无可消遣，只好拿起县里陈年的官司文书"解渴"。他反复阅读那些文书，发现里面各种错误数不胜数。欧阳修深深叹了一口气：这都是当地衙吏读书少惹的祸啊！

堂堂县令发动全县之力找一本书，竟然无功而返；普通学子想要读书，其艰难更是可想而知。

宋代经济相对发达，但买书依旧是一笔不菲的费用。就在欧阳修担任夷陵县令期间，开封一部《汉书》售价高达 5000 文铜钱。十几年之后的嘉祐年间，苏州一部《杜甫诗集》售价 1000 文铜钱。这些都还是雕版印刷书籍的价格，手抄书更贵。嘉祐二年（1057），欧阳修担任省试主考官时，曾向皇帝汇报说：近年来，科举士人在考场用作夹带的小开本手抄书，每本仅抄写的笔工费就需要 2 万到 3 万文铜钱。

一部书 5000 文铜钱，这是个什么概念？在当时，官办学校的学生每天伙食费一般约为 30 文。生活更艰苦一点儿的，如"民工"，一天伙食费只需要 10 多文。一本书的价格抵得上一个人半年的餐费，平民子弟自然难以承受。

这种情况一直持续到南宋。南宋后期大学者真德秀，少年时虽然聪颖异常，却也是无书可读。为了求学，真德秀想尽办法找人借书，但不是谁都像欧阳修那么幸运，能碰上一个"城南李家"。借不到书的日子，真德秀常常跑到同村有钱人家的私塾外面，偷听老师讲课，经常在窗外一站就是半天。真德秀做官后仍然保持着极其爱惜书籍的习惯。有位上司非常赏识真德秀，主动把自己最爱的书借给他阅读。真德秀总是过一两天就把书还给上司，每次送还回去，书上都没有任何痕迹，好像根本没碰过一样。有一次还书时，上司实在忍不住了，便责问他："老夫固然无学，但你也不至于翻都不翻我送你的书啊！"真德秀吓了一跳，赶紧申明："每一本书我都认真拜读了啊！"上司不信，翻开书随意提了几个问题，真德秀都能对答如流。上司这才知道，真德秀的确是认真读过他送的书，而且对书特别爱护。他感叹道："只有经历过无书可读的人，才会如此惜书如命！"

宋代普通平民子弟，寒窗第一苦就是无书可读。这并非个案，而是那个时代的常态。

寒窗二苦：无纸写字

王曾比欧阳修大29岁，在宋真宗、宋仁宗时曾三次出任宰相，素有"贤相"之称。欧阳修尊重景仰他，不仅因为王曾有了不起的人格和成就，也因为他们有相似的人生经历。

王曾8岁时父母双亡，他也是由叔父抚养长大。王曾的父亲王谦去世时职务为著作佐郎，同样是低级官员。王谦一生敬惜字纸，从不浪费或乱扔写有文字的纸张。据传说，王谦的妻子临产时，梦见孔子对她说："你丈夫爱惜字纸，我因此奏请上帝，派遣我的弟子曾参降生你家，你儿子今后必定富贵非常。"梦后即生下了王曾。这个梦，似乎对王曾的一生产生了很大的影响。

少年时求学的艰辛，在王曾的内心留下了不可磨灭的印迹，以至于他做了宰相之后仍将纸张看得非常珍贵。有一天，一位同年（与他同一届考中进士）的儿子到京城办事，顺便前来拜访王曾。王曾非常热情地接待了老友的儿子。尽管朝廷事务繁忙，王曾仍然花了半天时间陪他聊天，悉心传授自己的求学经验。当天晚上，王曾留他吃了一顿家庭便餐。临别之际，王曾从书房里拿出一个盒子，郑重地交到老友的儿子手中。这可是当朝宰相赠送的礼物，老友的儿子非常激动。他恭敬地端着盒子，直到住宿处才小心将盒子打开，定睛一看，却只有几卷白纸。老友的儿子感到奇怪：这些纸有什么特别之处，值得如此郑重相赠？他认真地研究了一阵子，发现这些纸张还真不一般——它们都是从别人寄来的书信上裁取的空白部分！

不是王曾太小气，宋朝许多身居高位的读书人都对纸张怀有一种特殊情结。宋初文学大家晏殊也任过宰相，也舍不得丢弃一张纸。家里的书信，他都细心留存起来，利用纸张反面或空白处进行创作；较硬的封皮纸张，他也一张张理好，堆成一叠，等到空闲时再用熨斗烫平。宋哲宗时的宰相、著名科学家苏颂，平生不随意浪费一张纸片。直到晚年，只要看到公文或文件上有空余的白纸，他都会裁剪下来，小一些的作为信札，大一些的就作为抄录典故的卡片。

在宋代，纸张是一种紧张而昂贵的资源。宋代一般的图书，很多是利用政府废弃的档案（如收粮记录）的反面印刷而成。司马光主持编撰《资治通鉴》，在当时是一项宏大的国家工程，按说可以随意支配政府资源。而司马光的初稿也是书写在公文废纸上的——先用淡墨将公文原来的字迹涂掉，晾干后再在上面写。

邵雍是北宋中期名扬天下的大儒，士大夫提到邵雍都不称呼他的名字，而是叫"我家先生"。此人一生不曾折节，但年轻时曾因纸张向人鞠躬。那时候，邵雍还是一个贫困的青年学子，正住在涿州州学勤学苦读，晚上就用食用油点灯读书。一天深夜，有位将军巡视街头，路过州学，看到宿舍里有人点灯学习。将军了解到这个叫邵雍的年轻人每夜都是如此发奋，深为感动，于是自己出钱购买了十支笔、一百幅纸奖励邵雍。邵雍客气地推辞一番，然后又深深鞠躬接下了这份"豪礼"——比起宰相王曾送给老友的儿子"残纸"，这一百幅纸的价值无法估量。

寒窗三苦：师资不力

那个时期，师资力量之差，有时令人发指。宋徽宗时的著名词人曹组，出生于阳翟（今河南禹州）。阳翟北距京城开封约150公里，西到西京洛阳约140公里，算是处于中心地带。曹组在阳翟度过了他的少年求学生涯，后来回忆"校园生活"时，他的记忆图景温暖却又带着辛酸：在寒冷的冬天，塾师倚靠墙壁，一边晒着太阳一边撸起衣服捉虱子；孩子们则在门外烧起一堆火打打闹闹。上课时间到了，塾师给孩子们讲解《论语》，之后教室里响起孩子们整齐的诵读声："都都平丈我！都都平丈我！"一个城里书生到乡下游玩，路过私塾，听到孩子们的读书声，觉得非常奇怪：这念的是哪本书，我怎么不熟悉啊？一问塾师，才知道是《八佾》里的一句。书生愣了一晌才反应过来，大笑道："这句应该是'郁郁乎文哉'吧！"塾师固执地摇头说："就是'都都平丈我'！我们都是这么教的。"曹组也跟着大家一起喊："就是'都都平丈我'！"多年之后曹组才知道，那书生是对的。他用嘲谑的语气写了一首诗以纪念此事："此老方扪虱，众雏亦附火。想见文字间，都都平丈我。"一所离京城仅百余公里的村塾，其教师水平就如此低下，偏远乡村的师资条件更可想而知。而被他们误导的学生，长大后又要花费多少时间和精力才能改正深深扎根在头脑里的错误知识！陆游在《秋日郊居》里也写到一位乡村教师教学的场景："儿童冬学闹比邻，据案愚儒却自珍。授罢村书闭门睡，终年不著面看人。"这位老先生上完课就倒头大睡，既不给孩子"补课"解惑，又非常"自珍"地不与其他人交往。这样的"愚儒"，实在不能指望他的学问有多么高明。

　　既然乡村的教学水平低下，那就去游学。的确有些学子云游四方，寻找名师。但只有极少数人具备这种财力，而且游学还要忍受另一种苦——长时间远别亲人。宋初学者石介就曾跑到泰山书院求学。在泰山书院，石介十年不曾回家。每次收到家里来信，只要见到上面有"平安"二字，他便不再往下多看，随手就把信扔进河里。他不愿意让家中的杂事打扰他平静的求学生涯。这需要非常"绝情"才能做到。那些云游四方的学子，谁又不是"绝情人"？放着家里的老婆孩子，离家万里，山高水远的，得一场大病或许就是生死两隔。但他们还是毅然前行，因为他们怀揣着"科举"的梦想。

寒窗四苦：音韵不通

科举考试的诗赋需要押韵，出错很容易被黜落；对读书人来说，语音就变成了致命问题。欧阳修 17 岁那年在随州参加解试，当时考试的题目是《左氏失之诬论》，欧阳修的文章得到考官高度赞赏，其中一些警句如"外蛇斗而内蛇伤，新鬼大而故鬼小"风靡天下。然而，因为押韵出错，即使文章一流，这次考试欧阳修还是被黜落了。这类例子不胜枚举。

赵郡（今河北邯郸）人李迪是公元 1005 年（宋真宗景德二年）的状元，也差点因押韵出错而落榜。李迪早年在文坛上赫赫有名，省试开考之前主考官已经准备把他录取为第一等次，但最终录取名单中竟然没有李迪！主考官找到李迪的试卷，仔细一看，发现他落榜的原因是用韵出错。于是，考官们联名向宰相求情。宰相特事特办，同意录取了李迪。

不同地区的读书人习惯用当地方言押韵。虽然考场上允许携带韵书随时查询，但平时养成的习惯根深蒂固，考试时间又紧，不可能字字去翻检核对。宋初，河东（今山西永济）士子杨献民，感叹鄜城（今陕西富县）修城工地的繁忙，写了一首诗寄给同乡，其中两句是："县官伐木入烟萝，匠石须材尽日忙。"诗句传开，被京城士子嘲笑了一阵。原来在关西口音中"忙"字的读音等同于"磨"字，杨献民自以为押韵，不料在京城人看来这就是典型的"獠语"。"獠语"是京城人对关西地区口音的蔑称。杨献民如果在考场上写出这样的诗句，绝对会落榜。

实在无法想象：在没有汉语拼音，也没有广播、电视和录音机的时代，就凭借一部韵书，那些偏远地区的学子们要克服怎样的困难，才能学好便于押韵的"普通话"！

晨昏忧乐每相亲

大宋学子十年寒窗苦与乐（二）

尽管面临着种种困苦艰难，一朝成功的快乐完全能够抵消所有的艰辛。

寒窗五苦：常饿肚子

虽然并不是出身穷苦人家，但少年吕蒙正的求学之路也颇为艰辛。

吕蒙正比欧阳修大 63 岁，也是欧阳修一生景仰的人物。欧阳修对他的评价是"以宽厚为宰相"。

吕蒙正的经历较为奇特。他的祖父吕梦奇官居户部侍郎。吕蒙正的父亲吕龟图曾任五代时期后周的起居郎，职责是记录皇帝日常行动与国家大事，职级虽然不高，但整天跟随在皇帝身边，其重要性不言而喻。按照这样的家世背景，少年吕蒙正应该泡在蜜罐子里过日子。但问题出在吕龟图的治家上。吕龟图耳根子软，听信小妾的挑拨，与正室夫人的关系很不和谐。有一天，夫妻二人发生口角，吕龟图一怒之下把妻子和儿子赶出了家门。

母亲带着年幼的吕蒙正无处可去，只能一路流浪一路借宿，最后被城南龙门山利涉院的方丈收留。方丈慧眼识人，知道吕蒙正将来一定能出人头地，便令僧人在寺院旁搭建一座简陋的房子供母子二人居住，并让二人平时就在寺院里搭伙吃饭。吃住勉强有了着落，吕蒙正原以为可以就此安心跟着母亲读书识字了；但天下没有免费的午餐，即使有，那种嗟来之食也不好下咽。一天下午，吕母像往常一样教儿子识字，直到夜幕降临，隔壁的寺院里已经亮起了照明的灯笼。看看天色，平时吃饭的时间早已过了，寺院吃饭的钟声却还没有敲响。吕母听到吕蒙正肚子里传来一阵咕咕声，知道儿子饿了。她摸摸儿子的头，劝慰说："寺院里今天可能做法事，饭吃得晚，再忍一会儿吧。"大约又过了一炷香的时间，寺院里果然传来了钟声。吕氏母子兴冲冲地赶往寺院，却发现庙里的和尚们已经吃完了晚餐，火头僧正在收拾碗筷、打扫食堂。那些僧人看见吕氏母子，都是一脸幸灾乐祸的表情。吕母看出了事情的原委，她低下头，拉着吕蒙正退出了寺院。这一夜，吕母听着儿子的肚子咕咕地响了一夜，她自己则无声地流了一夜眼泪。第二天，吕母早早起床，听到寺院的早餐钟声响起，依然平静地带着吕蒙正前去吃饭。此后，吕氏母子不时会听到"饭后钟"，但他们平静地接受了每一次的饥饿与羞辱。几年之后，吕蒙正可以帮人抄书赚些小钱，母子二人才搬离龙门山。离开之前，吕蒙正心情复杂地在墙壁上写下唐人王播的一句诗："惭愧阇黎饭后钟。"王播年轻时在扬州惠昭寺借读，也在寺院里蹭饭。时间一久，庙里和尚不开心了，有一次故意吃完才敲饭钟，王播受此捉弄，断然离开了寺院。20年后，王播担任江苏军政长官。一次他视察工作时顺便来到惠昭寺，看到自己当年居住过的地方被保存得很好，在墙上题写的一首诗也用碧纱笼罩起来。世态炎凉啊，王播苦笑一声，顺手又在墙上题诗一首："上堂已了各西东，惭愧阇黎饭后钟。二十年来尘扑面，如今始得碧纱笼！"阇黎就是指和尚。

吕蒙正借用王播的诗句表达自己的情绪，但他的心情远比王播复杂。王播是成功之后回首往事的感慨，既有对人情世故的嘲讽，还有报复对方的得意。吕蒙正表达的却只能是寄人篱下的羞愧和一忍再忍的无奈。

搬出利涉院之后，吕蒙正带着母亲回到洛阳，跟着郭延卿继续学习。抄书得来的几文铜钱，显然无法支撑母子二人正常的生活，他们依然过着缺衣少食的日子。洛阳的冬天非常寒冷，破旧的棉被抵挡不住刺骨的凉气。吕蒙正和母亲经常半夜里被冻醒，不得不披衣起床拨弄炉火，让房间稍稍变暖。挨饿仍然是常有的事情。有一次，吕蒙正下课后一个人去伊水边闲逛，抬头看见前面有一个人摆摊卖瓜。看见食物，吕蒙正才想起早上又没有吃东西；他下意识地摸了摸口袋，口袋和胃里一样空空荡荡。怎么办？怎么"疗饿"？吕蒙正无法可想，只能站在原地发呆。卖瓜人挑起担子去别处吆喝了。吕蒙正无比怅惘地继续走路，却惊喜地发现卖瓜人摆摊的地方正躺着一枚烂了一半的瓜，估计是卖瓜人扔掉的。吕蒙正一阵激动，看看四周没人，做贼似的捡起瓜，用衣袖一擦，三两口吞下肚。后来吕蒙正做官有钱了，就在伊水边买地造房，并特意在当年捡瓜的地方盖起一座亭子，取名"噎瓜亭"。

饥饿是宋代很大一批读书人的共同记忆，比如范仲淹和他的徒子徒孙。

范仲淹比欧阳修大18岁，本来出身苏州的官宦世家，但在他出生的第二年，父亲就病逝在工作岗位上。年轻的母亲谢氏贫困无依，两年后改嫁在苏州当官的山东人朱文翰，范仲淹也改名朱说（直到考中进士后才改回本名）。几年后，范仲淹前往山东邹平县醴泉寺开始了艰苦的求学生涯。寺庙里缺粮少菜，范仲淹每天读书直到深夜，临睡前抓一把小米熬粥，熬好后倒进钵中。经过一夜冷却，钵中的粥凝固成团。第二天天还没亮，范仲淹早早起床，把冷粥划成四块，先取出其中两块，拌上几根剁碎的咸菜，这就是他的早餐。剩下的两块则留作晚餐。后来，范仲淹又到应天府书院（今河南商丘）深造。在那里，他的生活依然艰苦，连粥都不能按时供应，常常要到日落时候才吃饭。

范仲淹毕业 10 年后回到应天府书院当教授。在那里，他遇到和他当年一样穷困的年轻学子石介。石介刻苦穷学，"世无比者"。一个"富二代"同学看他每天都吃不饱肚子，便把聚餐时的剩菜打包带给他。石介拒绝了他的好意，说："我要是吃了你送的美食，以后还吃得下粗粮吗？"

石介毕业 12 年后到京城国子监当教授。在这里，他遇到了更为穷苦的读书人黄晞。黄晞游学京城，衣不蔽体，几乎从来没有吃饱过（"寒暑未尝温饱"）。可惜他一生过于勤苦，被朝廷授予官职还未赴任，便在一座寺庙里溘然长逝。

寒窗之乐：位极人臣

上述所有人经历的艰苦，似乎都比不上杜衍。

杜衍其实也出身官宦之家。其祖父杜叔詹在宋朝初年官拜鸿胪寺卿，是管理皇家礼仪和外交事务的四品官员。杜衍的父亲杜遂良曾任六品的度支员外郎。但是，杜衍从来没见过父亲的样子，没有享受过一秒钟的父爱：他还在母亲肚子里的时候，父亲便去世了。

杜衍的母亲是杜遂良的第二任妻子。杜遂良的前任妻子生育了两个儿子。那两个孩子属于纨绔子弟，对后妈天生反感；父亲一去世，更是待后妈如奴仆，平日里对她指手画脚，随意呵斥。杜衍的母亲实在忍受不了，把杜衍拉扯到三四岁就忍痛扔下儿子，改嫁到60公里外河阳（今焦作孟州）的钱家。从此，杜衍成为孤儿，和祖父相依为命。

15岁那年，祖父去世，更大的苦难紧接着降临。刚刚办完丧事，杜衍还沉浸在悲痛中，同父异母的两个哥哥突然把杜衍堵在房间，声称要杜衍交出私藏的杜家财产。杜衍一脸茫然：他能在什么地方私藏财产呢？两个哥哥狞笑道："你妈改嫁那年偷走了杜家多少财产，你去给我要回来！"杜衍愤怒地答道："你们这是血口喷人！"两个哥哥勃然大怒，其中一人拔出随身携带的长剑向杜衍劈头砍去。杜衍转身跑向室外，被一剑砍中后脑勺。杜衍负伤逃跑，两个哥哥并未罢手，在后猛追。杜衍逃到姑母家中，被藏到阁楼，才免遭毒手。姑母千方百计支走两个哥哥，再回到阁楼，杜衍因失血过多已经昏死过去。

勉强恢复身体之后，杜衍带着一身悲凉离开了生活15年的家。他知道，如果继续留在家中，哥哥们为了"保护"家产，总有一天会整死他。他举目四望，找不到可以容身之地，除了十几年不曾见面的母亲的新家。杜衍拖着病弱的身体步行60公里来到母亲的新家，迎接他的是钱氏全家的白眼。

杜衍彻底成为孤儿。这个15岁的少年唯一能干的活是给别人抄书。

他一边抄书一边学习，但抄书所得的报酬根本养活不了自己。饥寒交迫的时候，杜衍不得不厚着脸皮在洛阳和河阳两地奔波，轮换着前往母亲或姑妈家讨取一些钱补贴生活。虽然生活艰苦、内心悲凉，杜衍仍然怀揣着希望，一步一步地挣扎在人生的道路上。那希望就是科举。

果然，杜衍 31 岁时考中进士甲科；62 岁时升任枢密副使；67 岁时升任宰相，达到封建时代读书人的顶点。

无论是物质生活的极度清苦，还是教育资源的严重匮乏，与其他各个时代相比，宋代士子们面临的困难并没有多大不同，他们发愤苦读的精神也并非特别突出。但宋代贫困士子所能达到的辉煌，却是其他任何朝代不能比拟的。前面提到的那些贫困少年都是例证：

欧阳修，24 岁考中进士，55 岁官拜枢密副使，56 岁时转官参知政事（副宰相）。

韩亿，31 岁进士及第，60 岁时授同知枢密院事，65 岁时拜参知政事。

王曾，25 岁状元及第，57 岁拜枢密使，58 岁官拜宰相。

真德秀，22 岁进士及第，58 岁拜参知政事。

范仲淹，27 岁进士及第，55 岁拜参知政事。

……

无论十年寒窗多苦，科举最终没有辜负大宋那些勤奋的寒门子弟，给予他们慷慨的回报。

科举实在是一项"神奇"的制度，是这个世界上最伟大的发明之一，它让社会底层的贫困士子有机会通过个人的努力改变命运。宋代将这一制度的优越性发挥到空前绝后的高度。只有在宋代，寒门子弟通过科举改变命运成为一种常态。这固然包含着士子们自身的艰苦努力，更是大宋王朝开国以来就推行的抑制权贵、奖掖寒门的各项制度的结果。

不看身份地位，尽力给每一个努力的人以平等上升的机会。仅此一点，大宋王朝的光芒便可以照耀千古，大宋王朝就足以称得上文人的天堂！华夏民族文化之所以"造极于赵宋之世"，科举奠定了它第一块牢固的基石。

号外：有钱人怎么读书写字

并不是所有宋代读书人都缺书少纸，小部分权贵子弟读书写字完全是另一副光景。

湖州有个"富二代"沈偕。沈偕的老爹叫沈思，有很多钱，整天在东林镇修仙、做善事，还给沈偕留下了万卷藏书。穷人家的孩子到处借书抄写，沈偕却躺在自家图书馆里挑挑拣拣，这就叫赢在起跑线上。宋神宗元丰年间，沈偕觉得待在家里太闷，就跑到京城开封的国子监读书。刚到京城，听说豪华酒店樊楼里来了一位色艺双绝的小姐名叫蔡奴，沈偕决定去撩一下。为了给蔡小姐留下深刻的第一印象，正式登门前他先喊来一个卖珍珠的商贩，包下了所有珍珠，一把把地砸向樊楼。一阵珍珠雨落下，街道上的行人忙乱起来，场面十分欢乐。很快有人把消息报告给蔡小姐。蔡小姐见过世面，为人谨慎，类似的把戏也见过不少。她没有立即心动，而是先派仆人去街上捡了两粒珍珠，回来仔细一检验，哎呀，是真货！她立马对沈偕另眼相待，二人结为同好。沈偕一开心，就对当天樊楼内的上千名食客宣布："各位吃好喝好，今天我和蔡小姐买单！"公元 1079 年（宋神宗元丰二年），沈偕考中进士。荣归故里之前，沈偕把国子监的图书照单全部购买一套，雇几辆马车拉回了老家的藏书楼。这就叫爱情、事业、图书三丰收。对此，像欧阳修这些整天借书熬夜抄录、寒冬时冻得手脚生疮的穷人家孩子只能有一个感受：贫穷限制了他们的想象。

京城有个"官二代"张友正。他的老家是湖北阴城（今老河口），但从小跟父亲生活在京城。他的父亲是张士逊，在宋真宗、宋仁宗时三次拜相，给张友正留下了大量家财，包括京城中心的几处房产。张友正从小喜欢书法，一门心思扑在练字上。他不想挤科举考试的独木桥，而是坚定地做了一名"艺术生"。有钱人家的孩子当然可以不走寻常路。想练字，得有纸，纸张花费可不是小数字。对于这一点，张友正早有考虑，他以 300 万文的价格将一处房产卖掉，全部用来购买纸张。这些纸写完后，他又把位于市中心甜水巷的房子租掉，自己跑到偏僻的地方租下一间紧挨着染布厂的小屋。张友正与染布厂老板商定：厂里如有白布要染成黑色，就先租给他练字，一匹布的费用是 200 文。张友正每天都要写掉几匹白布，一天的"纸张费"就是一两千文。就这样，张友正以 30 年的时间和一套房产的代价，练成了大宋一流的书法家。宋神宗非常喜欢张友正的书法，评价他的草书为"本朝第一"。

大宋士人赴考路上的艰辛

"学成文武艺,货与帝王家。"十年寒窗苦读不是目的,考取进士
为国效力才是士子们的追求。科举并不是一条平坦的大道,进京
赶考的路上就充满了各种艰辛。

半条毯子一生情

韩亿的求学之苦,远不止少年时代的石上写字、借书抄读,带着
与朋友分割的半条毯子进京赶考的经历似乎更让他觉得辛酸。

为了开阔眼界,青年韩亿离开家乡开封雍丘(今河南杞县),前
往洛阳游学。在嵩山法王寺时,韩亿遇到了也在此求学的贫困士子
李若谷,从此两人一起学习,一起赶考,一起经历了人生最为落魄
的日子。

李若谷出生于徐州丰县,祖上虽是官宦之家,但小时候父母双
亡,只能前往洛阳投奔岳父(两家已订下婚约),在岳父的帮助下安
葬了父母。再后来,李若谷前往嵩山法王寺求学。

在法王寺的日子相当艰苦,经常饱一餐饿一餐的。韩亿和李若谷

两人只有一张破席和一条毯子，夏天还能将就，冬天时两个人裹紧一条毯子和衣而睡，仍然每晚冻得瑟瑟发抖。自己艰苦些还能忍受，而李若谷是已经有妻室的人，家里还指望他接济。两年后，这种日子难以为继，李若谷只得前往汝州给知州大人做幕僚。临别之际，李若谷要把破席和毯子留给韩亿，韩亿却要送给李若谷。两人相持不下，最后把毯子对半剪开，一人拿一半，才含泪挥手作别。

公元 998 年春天，朝廷举行省试（由礼部主持的全国性科举考试），韩亿和李若谷相约一同赶考。赴考之前，他们各自回到家乡办理确认身份的文件（自己及祖上三代的姓名、籍贯、职业、有无犯罪记录等），筹备赶考的费用。韩、李二人都离开封不远，路上花费相对较少，但京城物价昂贵，住宿、吃饭是一笔巨大开销。还得到书铺（相当于公证处）办理手续，交纳考试费，包括试卷费、出入证件费、考场须知等材料费，计 2000 至 5000 文。考前最好还要行卷（把自己的得意之作奉送给前辈名士进行点评或推介），这也需要花钱。家里本来就揭不开锅，哪里还挤得出赶考盘缠？只能找人借。

韩亿来到同村一个富人家门口，红着脸向门仆说明来意。门仆告诉他，主人还在休息，既不让进门，也不给通报。韩亿毫无办法，只能捏着名刺（名片）端端正正地坐在门外傻等。此时，主人在家午睡正酣，突然梦见一条黑龙盘踞在户外，惊醒之后推门而出，一眼看见韩亿，惊奇地问道："韩秀才怎么坐在这儿？"韩亿提出借钱赶考。富人想起刚才那条突然闯入梦中的黑龙，知道韩亿不是凡人，于是爽快地借给他 1 万文。

筹集到路费之后，韩亿赶紧出发，在约定的地点和李若谷会合，一同进京赴考。当晚住宿，二人从行李里拿出卧具，对视一眼，不禁哈哈大笑——他们随身携带的还是当年对半分割的毯子。

到达京城，办好手续，安顿好住处，二人决定向人行卷。但京城的达官贵人不是那么轻易就能见到的，一般都要仆人先去投递名刺，对方同意接见，士子本人才好登门拜访。韩、李二人哪有钱雇用仆人。他们稍一商量，决定相互扮演对方的仆人：韩亿行卷时，李若谷就当仆人前去投送名片；李若谷行卷时，韩亿便是敲门问路的仆人。

那年省试，李若谷顺利考中进士，韩亿却名落孙山。在等待朝廷分派职务期间，李若谷派人接来妻子。很快，李若谷被委任为许州长社县（今河南省长葛市）主簿。长社县距离开封约130公里，步行四五天可到。落第后的韩亿也无事可做，一路护送李若谷上任。李若谷租了一条毛驴驮着妻子，自己在前牵着毛驴。韩亿挑着行李走在后面。在离长社县还有30里地的一个小镇，韩亿放下担子对李若谷说："再往前去恐怕会碰上县里的衙吏，李兄不妨租几名仆人前往县衙。"李若谷会意：再穷也不能让衙吏小瞧了自己，官员最起码的门面还是得装一装的。李若谷从行李里拿出那半条毯子，交到韩亿手中，郑重地说："这个暂且交给韩兄保管，待兄高中后再归还给我，我将留作终身纪念！"两人又搜出身上所有的零钱，总共只有600文，二人对半分掉，然后抱头大哭一场，就此挥手别过。

（4年后，韩亿也考取进士。再过二三十年，李若谷、韩亿先后官拜参知政事，属于副宰相。回首看当年，一名副相牵驴、另一名副相挑担的赴任队伍，从其规格上来看，真正称得上"豪华"。）

宋代的贫困青年大约都有借钱赶考的疼痛记忆。士人赶考，先要参加各州举行的解试，通过后赴京城参加由礼部主持的省试，过关后再参加由皇帝亲自主持的殿试。解试一般在八九月举行，省试和殿试开考时间分别在次年一月和三月，大约在四月张榜公布考试结果。那些离京城较远的举子，参加一次科举考试，在路上的往返时间可能需要一年，一路所需的开销自然是一个庞大数字。

据《宋史》记载，宋太宗淳化年间，安徽人查道赴京考试，亲戚朋友给他凑好路费3万文。途中，遇到父亲老友过世，家贫难葬，查道把手中剩下的钱全部捐了。在《国老谈苑》的记载中，查道筹到的路费是10万文，这个数字更为可信。宋初文豪杨亿晚年居住在阳翟（今河南禹州），学生杨玮向他借钱赶考，杨亿命人先给了他1000文钱，以观察其表现。杨玮平静地接受了，依然陪着老师谈笑风生。直到杨玮告辞，杨亿才让仆人又送给杨玮10万文路费。南剑州（今福建南平）吴味道赶考，其家乡人为他凑的路费超过10万文钱。直到南宋时，以教书谋生、培养出文天祥的学者欧阳守道还在感叹读书人常常因为缺钱而不敢踏上赶考之路：离京城路途较近且节俭者所需旅费至少3万文，路程较远的则需要二倍或三倍的路费。

大宋朝廷很早就注意到这个问题。公元969年（宋太祖开宝二年），朝廷就特地发布诏书，令四川、湖南、湖北等远离京城的地方政府给进京赶考的举子发放公券，持公券者从起程直至返回家中的费用都由官方资助；同时，凡用公券而夹带货物贩卖者一律法办。宋徽宗时又下令各级政府承担所有进京赶考举子的费用。这些政策无疑给偏远地区的举子开辟了一条生路。但实施时间都不长，覆盖范围也不广，绝大部分举子还是只能靠自己凑钱进京。

交税还是逃税

然而，即使凑足了路费，怎么带钱上路仍然是个问题。

公元 1089 年（宋哲宗元祐四年）重阳，杭州。西湖的荷花刚刚凋谢，街道上的桂花已经飘香，正是郊游的季节。这一天，杭州知州苏轼与同事游完西湖，回到办公处，乘兴写下一首小词《点绛唇》："闲倚胡床，庾公楼外峰千朵。与谁同坐，明月清风我。　　别乘一来，有唱应须和。还知么？自从添个，风月平分破。"

刚放下笔，杭州税场监当官求见，说是税场抓到一名逃税者，请苏大人发落。苏轼一愣："逃税这等事情也需要知州亲自过问吗？"监当官迟疑一下，回答："此事似乎与大人有所牵连。"苏轼再次一愣："莫非是我亲友逃税？到底怎么回事？"监当官这才汇报：税场刚刚抓到一名试图逃税的举子。此人名叫吴味道，是南剑州人，此行是赴京赶考路经杭州。税场拦头（现场主管）发现他随身携带有两大包货物，按照规定，行人带货应该交税。但检查实物时发现，货物外包装上注明送达地址是京师苏侍郎宅（苏侍郎即苏轼弟弟苏辙），而发货人竟然就是苏轼。拦头觉得奇怪，不敢擅自拆封，更不敢轻易发落，只能把人与货一起扣下，禀报给监当官。监当官又急急赶来请示苏轼本人。

苏轼心里一惊：难道有人要栽赃自己？十几年前，苏轼的表兄程之才，为了讨好王安石就曾诬陷苏轼，说他为母亲守完孝返回京城的路上贩卖私盐和苏木。现在又有人打着自己的旗号逃避关税……

苏轼让人带来吴味道，问他包裹里到底是什么东西，为什么冒用苏氏兄弟名义。吴味道没想到撞见了苏轼本人，惊惶不安地交代了事情缘由：为了参加明年在开封举办的省试，三月吴味道就从家乡出发赶考。临行前乡里人为他筹集了一笔资金，他用其中的 10 万文购买了 200 匹建阳小纱布准备带到京城贩卖。考虑到一路上关税重重，他设法避税。因为苏轼、苏辙二人名满天下，又都喜欢奖掖士人，他就自作聪明地冒用二人名义寄送货物。不料苏轼已经调到杭州，吴味道正好撞到枪口上了。

听完交代，苏轼并没有发怒，而是轻轻叹了一口气：自己刚刚还在同事的簇拥下游山玩水呢，而各地举子们却在跋山涉水，为了生计还不得不在赶路的同时随身携带各类货物贩卖。路途如此遥远，将近一年时间吃住在外，如果没有数万文盘缠，士子们到达京城之后生活难以为继。

大宋时期的 10 万文铜钱重量达到 400 公斤，如果带着现金赶路，风险大，还会累得"吐血"。携带地方特产则好处较多。首先是重量较轻。例如，宋朝的棉花大约 100 文一两，织好的棉纱布估计 200 文一两，价值 10 万文的棉纱布重量只有 25 公斤。其次，通过贩卖土特产可以让路费保值增值。问题在于，一路之上各地设卡收税，仅从浙江衢州到杭州这一段路程就设有 7 处税关，一路应纳之税就要占到货物总价的二成。这么高的税率，迫使本就困窘的士子们想方设法要逃税。

苏轼看到吴味道既惶恐又焦急的样子，略一思索，转身走到桌前，就着刚才的纸笔，信手写下一行字："附至东京竹竿巷苏侍郎宅。"他给苏辙写了一封手札，叮嘱苏辙在京城务必抽空接待一下吴味道。然后苏轼把字条和信札交给吴味道。吴味道一脸茫然。苏轼哈哈大笑道："把这纸条贴到货物上，保管你天上也能去得！"

有了这道"护身符"，吴味道一路顺利抵达京城，考取了进士。

但并不是所有人都像吴味道那么幸运。

宋仁宗时的状元、后来的宰相宋庠，镇守洛阳时也遇到一件举子偷税案。有人揭发，一位赶考的举子行囊中有东西应该交税却没有交。宋庠问明情况后叮嘱手下人："举子赶考，谁不顺便带点东西卖？即使漏了税，也不必深究。"他让人把货物送到税院，查明确有漏税行为，罚了两倍税款就让举子继续赶路。

对偷税漏税行为，宋代的处罚其实很重。宋太宗时期，吴元载任成都府知府，恰逢王小波起义，因为没能镇压，被调回京城等候发落。回京途中须路经华州，华州通判李仕衡与吴元载有杀父之仇。原来吴元载曾任秦州知州，州内有李益（李仕衡父亲）逃租漏税，无恶不作，并买通朝中权贵以逃脱法网。吴元载上报皇帝，李益最终被捕伏法。这一次吴元载路过自己地盘，李仕衡要抓住机会报仇。他派人强行搜查吴元载行装，征收其携带之物的关税。吴元载拒绝，李仕衡向朝廷告状。吴元载因此被贬为团练副使。明明被人挟私报复，吴元载还是受到了处罚。可见在宋代逃税的罪责不轻。

尽管如此，宋代士子带货赴考之风依然不绝。直到南宋理宗时，由于四川等僻远之地的人不能按时到达当时京城杭州，致使考试日期一再推迟。有大臣向宋理宗汇报："四川士人嗜利，船上多带商货，常在关卡滞留，致使赴考迟到。"宋理宗大怒，于是下诏：殿试自此定于四月上旬开考，迟到者自动放弃资格。

一方面要面对朝廷制度，另一方面要面对温饱生存，到底是该交税还是要逃税，这实在是个两难选择。

当然也有老老实实交税的。赵抃是宋仁宗朝的进士，后来在宋神宗朝官居宰相。进京赴试时，每次遇到关卡，同行的举人都想逃税，赵抃却主动去交税。他认为：读书人如果现在就欺骗官府，将来当官后还不得变本加厉？

问题是，交了税就没钱，没有钱就进不了京，不进京赶考还谈什么当官？是考虑当前，还是考虑以后？

除此之外，远方士子赴京，一路山高水远，各种不可预测的风险还有很多。据洪迈《夷坚乙志》记载：公元1156年（南宋高宗绍兴二十六年），成都人章惠仲与妹夫丘生一起前往杭州参加殿试，乘船顺长江而下。不幸的是，还没有出巫峡，船就翻了，丘生淹死，章惠仲逃过一命。后来，章惠仲中举，授职四川乐山井研县主簿。回乡任职途中经过万州时，章惠仲坠落到一处悬崖下，半夜跑来一只老虎，在他头顶咆哮了一夜。天亮时老虎自行离开，章惠仲爬上崖顶，侥幸生还。章惠仲还算是幸运的。其他不幸落入虎口、遇匪被杀的考生，只能淹没在历史的长河中，留不下一丝波纹了。

虽然辛苦，能够平安到达京城，大宋士子们就还抱有无限希望。

大宋初期举子行卷那些事

千辛万苦到达京城后，士子们赶紧要做的是行卷：把自己平时的得意文章送给对科举考试具有影响力的文人或高官，请他们为自己造势，在主考官心中留下良好印象。于是，围绕行卷就有一些可叹可笑的故事。

慧眼识人

公元990年（宋太宗淳化元年）的冬天，开封城依旧寒冷。下朝之后，左司谏、知制诰王禹偁就躲进自己的府邸，烤着炭火，或读书，或写作。此时，全国各地的举子集中到开封，其中很多人拿着自己平时写作的诗文，寻求有名的文人或大官写推荐信，提升自己的名望，求得在科考时有优待。这种做法在唐代就很流行，叫作"行卷"，也叫"温卷"。

王禹偁是当时的著名文人，其诗歌文章风行全国，每年找他行卷的多达数百人。王禹偁则能躲就躲。对他来说，行卷的文章绝大多数毫无价值，有的只看看标题就扔在一边，有的读几句就让人疲倦，能让人读完整篇的就算很不错了。至于既能写文章又能吟诗作赋的全才，一百个人里找不到四五个。所以，一有空王禹偁就躲到家里，让门童把来访的举子挡在门外。

这一天，王禹偁正躲在家里写诗，门童通报又有举子求见。王禹偁让门童照例打发掉来人。门童却有些犹豫地说："此人送来的文章，先生是否要先看一眼？"王禹偁摇摇头，放下笔，拿起门童呈上的文章，漫不经心地读了起来。刚翻了两页，王禹偁便双眼一亮：难得一见的好文章啊！他忙从门童手中要来来访人的门刺。孙何？这名字有点儿眼熟。再一想，记起来了。此前，王禹偁在中书省任职时，同事中书舍人宋广平曾介绍过孙何，并称赞孙何是"今之擅场而独步者"。当时王禹偁就寻求过孙何的文章，但没有找到。后来，有人专门送来孙何的几十篇文章，王禹偁读后大为惊叹，恨不得当时就要见到其人。没想到，今天孙何自己送上门来了。

王禹偁立即命门童把孙何请进门来。孙何以后辈学生之礼拜见过王禹偁，又向王禹偁请教治学作文之道。在整个交谈过程中，王禹偁觉得孙何对前途满怀信心而语气平和，评人论事出言直率而心态平正。王禹偁大喜，临别之时写了一篇《送孙何序》。所谓"送某某序"，就是给某人做的宣传广告。在这篇文章中，王禹偁盛赞孙何："凡百君子，宜贺圣朝得贤，吾道之不坠尔。"此后，王禹偁还不断向皇帝、宰相、同事们推介孙何。他说："以文章来看，孙何活脱脱就是状元的坯子啊！"很快，孙何就在京城声名鹊起。

两个月之后，一个自称丁谓的举子也向王禹偁投送了两卷文章。孙何行卷时就向王禹偁介绍过丁谓，说其人文采与自己不相上下。王禹偁又将丁谓请进家，一番交谈之后，又欣然写下一篇热情洋溢的《送丁谓序》。丁谓也由此名声大噪。

王禹偁推介士人的眼光很快得到验证。淳化三年（992）三月，大宋壬辰榜殿试结束。皇榜公开，孙何赫然高居榜首，成为当届状元；丁谓则名列第四。天下随即哗然：王禹偁当真是慧眼识人啊，一经他的推举，即可金榜题名！

孙何成为状元，与王禹偁的推荐是否有直接关系，并不好说。有个人的命运却是靠行卷改变的。50多年之后，陆轸（陆游的高祖）出任越州知州。一个名叫项堂长的读书人多次向他行卷，给他留下了极深的印象。后来，陆轸主持越州解试。考试结束，陆轸拿起已被录取的试卷一张张翻开来看，发现项堂长竟然落选。他脸色一沉，当即叫考官找来项堂长的试卷，看过一遍，直接把项堂长列为第一名。陆游在记述此事时并不觉得有半点儿不公，而是坦然地说："当时多如此，不以为异也。"

王禹偁慧眼识人的名声传遍天下，找他行卷的人就更多了。孙何的弟弟孙仅也来向王禹偁行卷。看完孙仅的文章，王禹偁大为兴奋，提笔就在文后写道："明年再就尧阶试，应被人呼小状元。"王禹偁也真够大胆，竟然连下一届的状元也预测了出来。

远在福建的学子黄宗旦不能当面呈送行卷，也寄来了自己的文集和一封信。在信中，黄宗旦对王禹偁慧眼识人的能力和提携后进的品德表示钦佩，希望王禹偁能点评一下自己的文章。对于真正的好文章，王禹偁从来不吝于表扬。在给黄宗旦的回信中，他热情地称赞黄宗旦的文采，称他可以与孙何、丁谓齐名，也必将名满天下。

惹祸上身

就在这时候，王禹偁也因为"有选择性"地推介举子惹上了麻烦。

自从《送孙何序》《送丁谓序》流行天下，天天都有大批举子堵在王禹偁门前请求推介，绝大多数人都被拒绝了。一来，王禹偁精力有限，不可能每个人都接待；二来，他接待的那些举子中，文章写得差的他也绝不会推介；三来，即使送来的文章不错，王禹偁事先不曾听人介绍过作者其人的也不敢推介，怕是剽窃来的文章。

王禹偁的有所选择，让大批不获推介的举子产生了不满。愤怒之后，这些人开始报复。王禹偁平时很讨厌和尚，认为和尚不事生产，是社会的蠹虫。这帮人便模仿王禹偁的语气写了一篇《沙汰释氏疏》大骂和尚；又造谣说孙何之所以被推介，是因为他也讨厌和尚，主张灭佛。很快，《沙汰释氏疏》和有关谣言盛行于京师各大寺庙。须知，当时有些"高僧"是可以直通皇宫，能在皇帝和大臣面前直接攻击王禹偁的。不久，王禹偁就被贬谪到商洛。那些诽谤者一见计谋得逞，更加卖力造谣。直到王禹偁又被召回朝廷，那些造谣者才有所收敛。王禹偁被委任为翰林学士，再次得到皇帝的宠信，"高僧"们又开始活动。由于上书触怒宋太宗，王禹偁任职翰林学士仅百日又被贬到安徽滁州。这一年是公元995年，也是他推介孙何、丁谓之后的第三年。

赴滁州上任之前，有朋友笑着对王禹偁说："别以为到了滁州就能躲过那帮举子的纠缠。今年朝廷已经下诏取消省试，大批举子无事，必然会跟着您去滁州，您得想好怎么对付才行。"王禹偁自嘲道："我再也不会傻乎乎地为自己讨骂了。今后凡是送来诗文的，我一律吹捧他们是陈子昂、杜甫、韩愈、柳宗元再世！"

不出所料，王禹偁上任后，各地举子也纷纷跟到了滁州。王禹偁并没有如赌气时所说对所有人胡乱吹捧一通，对绝大多数文笔不通的士子他仍是懒得理会。有个叫郑褒的年轻人很聪明，他行卷的流程非常高明：他先找到孙何、孙仅兄弟，请二人分别给自己写了一篇推介信；再托人先给王禹偁带去自己的文章和一封信，然后从开封步行走到滁州，当面向王禹偁请教。郑褒到达滁州时，王禹偁适逢满脸生疮，整个人无精打采，勉强接待了他，闭口不提写序之事。郑褒退下之后，才请人把孙氏兄弟的推介信和自己的第二封书信送给王禹偁。读完孙氏兄弟的推介信，王禹偁这才给郑褒写了一封长达千字的回信，高度称赞郑褒的学问和人品，并且告诉郑褒："你可以把我的信公开展示给别人。"

第二年（公元 996 年），王禹偁写了一首诗，向朋友推介穷愁潦倒的读书人朱严，称他"谁怜所好还同我，韩柳文章李杜诗"。宋初科举考试时间尚不固定，朝廷常常临时取消考试，很多不知消息的举子继续赶往开封，到达之后只能待在当地等待开考。朱严因为长期等在京城，坐吃山空，靠儿子讨米度日。

公元 998 年，朝廷再次举行科举考试。这一次名列皇榜前三名的是孙仅、郑褒和朱严！状元、榜眼、探花三人，全都是王禹偁推介过的举子。王禹偁善于识人的美名被推向了一个新的高度。

客观地说，这些举子能够高中，也不全是王禹偁的功劳。当时的举子行卷并不吊死在一棵树上，而是普遍撒网以求获得更多名人为自己说话。郑褒行卷过的大人物就有很多，包括王禹偁、寇准、钱若水、欧阳修等。

行卷在唐代和宋初大行其道。一方面，举子想通过名人的赞誉引起考官的关注；另一方面，考官也能通过同事、朋友的推介，更全面地了解备录对象，做到文章和品性并重。但行卷也明显存在各种不公现象。为确保科举公平，杜绝以权谋私和串通作弊，宋朝逐步实施弥封制（将试卷上个人信息密封起来）和誊录制（誊录考生试卷以防考官通过笔迹和暗号辨识熟人），考试结果完全只凭一张试卷，行卷已经没有存在的意义了。

公元 1007 年（宋真宗景德四年），随着在省试中正式实行糊名法，行卷完成了历史使命，公正成为科举制度的最高追求。"无情如造化，至公如权衡"，大宋科举考试终于能够当得起欧阳修的称赞了。

（注：按日本学者高津孝的考证，宋代糊名法的实施是从殿试向解试逐步推行的：殿试糊名始于宋太宗淳化三年即公元 992 年，省试糊名始于宋真宗景德四年即公元 1007 年，解试糊名始于宋仁宗明道二年即公元 1033 年。）

大宋考官之间的理念冲突

大宋学子终于走进考场了。他们将会遇到一些什么样的考官呢？
他们希望考官对考场的管理应该严格一些，还是宽松一点？两种
不同类型的考官，会对考场产生什么样的影响？

逼"反"考生

宋神宗熙宁八年（1075）三月，省试的别头试考场发生了一件士
子追打考官、围殴军士的恶性事件，在京城士民中引发了极大震动。

别头试是为避免考官或本地官员的子弟及亲戚在考试时与考官串
通作弊，而专门另设考场进行的考试。主持当年省试别头式的考官是
练亨甫、范镗、彭汝砺。

练亨甫是一位狠角。他于熙宁六年考中进士，当即攀附上王安
石，两年后就成为主考官。此时他仕途正顺，绝不允许由他主持的考
场出半点纰漏。

第一步就是要严防夹带进场。"带小抄"在中国科举考试中历史
悠久，花样不断翻新。公元 1057 年（宋仁宗嘉祐二年）欧阳修主持

省试时，就发现有举子不惜血本，花费 3 万文购买夹抄进场。还有更"聪明"的办法：几个人公摊 20 万文雇人夹带进场，小抄大家共享，夹带者的考卷大家代作，万一被发现也只有夹带者一人被清理出场。即便如此，欧阳修仍然建议进场检查要宽松，一则保全读书人的体面，二来避免进场拥堵。而练亨甫坚决要从杜绝源头做起。他命令负责检查举子进场的监门官严格搜查，查出有奖，漏查严惩。那时候的"小抄"已做得极其精致，只有掌心大小，身穿厚重棉衣时方便隐藏。有了练亨甫的严令，主要由士兵组成的监门人员检查得格外卖力，他们要求每一位举子敞开衣服接受周身搜查。举子们站在如刀的寒风中一层层解开衣服，冻得浑身颤抖。这些读书人平时哪受过如此侮辱，更何况别头试的考生都是平时骄纵惯了的官员子弟。于是，在入场之时举子们就不断与士兵们发生摩擦。好在大家都急于考试，虽有推搡吵骂，总算都进场了。

考虑到进场时举子们就已经很不老实，练亨甫强化了考场巡查，委派 100 名士兵到试院巡铺（监考）。他告诉所有巡铺兵，此次科举考试他特向朝廷申请办公经费 60 万文，抓获作弊者另有奖赏。有了巨奖刺激，那些士兵都兴奋地睁大双眼不停地巡逻，遇到稍不顺眼的就大声谩骂。粗暴的训斥声不时响起，严重影响了考生的思路。数年之后，苏轼写给皇帝的奏章中还在指责本届考试的巡铺兵"诃察严细，如防盗贼"。为了前程，当时考生们都忍了。

考试第二天突降暴雨。按照规定，遇有暴雨考试应该顺延，考生们就可以多出一天时间答卷、写文章。但练亨甫强硬地宣布考试继续。士子们这次忍无可忍。他们放下纸笔，敲打着桌子，在试院里高声抗议。混乱中，有人突然大喊道："起火了！"

考场起火绝对是灾难性事件。10 年后的一场省试证明了这种灾难的严重性。当时考场设在开宝寺。半夜寺院突然起火，开封府派人抢救，但因为锁场，寺庙院墙又高大坚固，最终有 40 多人被烧死，包括 3 位副主考官。幸亏当时考试刚刚结束，大部分考生已经出场，否则后果更不堪设想。

此时听说考院起火，又不知道火起何处，满院考生不顾倾盆大雨，四处仓皇逃窜。等确认并没有发生火灾，大家个个成了落汤鸡。众人又冷又气又羞，把一腔怒火全部发到练亨甫身上——如果不是他硬逼着今日考试，哪来的这混乱？有人提出趁乱痛打练亨甫一顿。有士兵把消息传到练亨甫耳中。他起初还故作镇定：量这帮考生也不敢乱来！待听到吵闹声越来越近，练亨甫再也顾不得体面，赶忙逃出去找地方藏身。考生远远看到练亨甫的身影，加快了追赶的步伐。练亨甫慌不择路，看到路边有个考棚，爬了上去，这才躲过一劫。等到骂声载道的举子们发泄完怒火散去，惊魂稍定的练亨甫才敢下来。他这时才体会到人心不可违。后怕之余，他赶忙叫人拟写通知：考试延期一天。

没想到，通知贴出后又引起一场严重骚乱。巡铺兵刚把通知张贴到墙上，举子们立即围观。他们还没来得及欢呼抗议成功，就发现这通知上竟然指责他们行为粗暴、有辱斯文。愤怒的举子们再次觉得受到伤害，他们一腔怒火腾腾燃烧，立即从墙上扯下公告，一把撕得粉碎，又把张贴公告的巡铺兵按倒在地，狂殴一顿。旁边的巡铺兵赶过来抢救，也被打得鼻青脸肿。其他巡铺兵吓得目瞪口呆，不敢动弹。练亨甫看到此事即将演变成大范围群体性事件，迅速向开封府上报。开封府立即派员前来调查，在巡铺兵指认下，经过简单问讯，匆匆认定江汝猷、王方毅为带头闹事者，便将二人各打 20 大板，驱逐出考院。一场闹剧就此收场。练亨甫是激起事变的主角，但在王安石庇护下，没有受到任何处分。

但宋朝的可爱之处就在于，即使在这样一场荒唐的事件里，仍会闪耀出那个朝代特有的人性光辉。江汝猷等人扰乱考场、殴打命官的案件审结后，右军巡使（京城巡警长）、此案主审官之一的郭畯却不肯在文件上签字。他认为，案件审理过于匆忙，没有充分的人证言证，很可能是一件冤案。开封知府陈绎没有办法，出于大局考虑，亲自在文件上签字，才算顺利结案。郭畯虽因此遭到免职，却毫无怨言。

练亨甫后来因为拍马屁拍到马腿上，被王安石贬离京城。再后来，反对王安石变法的"旧党"当权，练亨甫作为"新党"人员，又被贬到更为僻远的均州监管居住。据野史记载，在均州期间，练亨甫与其兄练劼、其弟练冲甫逐次前往妓女鲁丽华家"逾滥"，又把鲁丽华安排在一个和尚处卖艺赚钱。有一次，练亨甫撞见鲁丽华与一男子在店中饮酒，怒打了鲁丽华。此事的真假有待考证，而练亨甫在当时深受士人鄙薄是事实。

庇护考生

10 多年之后，苏轼主持的另一场省试也因为巡铺官兵跋扈差点酿成了群体性事件。

公元 1088 年（宋哲宗元祐三年）的初春特别寒冷。正月底，北方数千里的土地上普降大雪，阻断了往来交通，影响了日常生活。开封城里大雪纷飞，寒冷异常。

在这样恶劣的天气里，三年一度的省试如期举行。考前，主考官苏轼前往号舍看望考生。号舍是由三面砖墙和一道门帘围起的一个高6尺、深4尺、宽3尺的简陋房间，每位考生单独使用一个。近10天的考期，考生们都将蜷曲在里面答题、生活。开封滴水成冰，号舍又难以遮挡风雪，苏轼体谅考生不易，允许他们适当活动身体。巡铺官对此大为不满，认为考生自由活动会增加监考的难度。

二月三日，苏轼坐在考场自己的办公处所里，一边烤着炉火，一边挥笔写字。苏轼是个闲不住的人，一空下来就喜欢写写画画。此时，他书兴正浓，把身边用的纸张都写了，随手丢给身边的工作人员。工作人员一边争抢苏轼的墨宝，一边搜寻新的纸张备用，室内一片欢声笑语。突然，外面传来一阵吵闹声。很快就见巡铺官郑永崇率人押着两位考生过来。郑永崇上报苏轼：考生王太初、王博雅传义（传递经义释读的答案）时被发现，按律应该逐出考场。两位考生则坚称巡铺官是有意诬陷他们。既是传递答案，二人对经义的解译必有相同之处。苏轼令人拿来两位考生的试卷，请另一位巡铺官与其他主考官一起比对。比对结果显示，二人试卷中仅有19个字相同，而且这19个字还不在一个段落之内。如果传义，怎么可能是这样的结果？苏轼拒绝办理驱逐手续。

没想到，当天下午，巡铺官又押来卢君修、王灿，称二人交头接耳，一定是在传义，要求将其逐出考场。苏轼问明情况，又询问旁边的考生，得到的情形是：当时卢君修走到王灿的号舍前，询问试题中提到的"耿邓之洪烈"到底应该是"洪烈"还是"洪勋"。耿、邓指的是东汉初期名臣耿弇和邓禹，他们辅佐光武帝刘秀夺回了汉室江山。卢君修不清楚耿、邓二人到底该称为"洪烈"还是"洪勋"，所以请教王灿。而王灿尚未回答，二人就被巡铺官捉获了。苏轼认为，按照大宋科考规定，试场上问清题义是正常交流。宋初是允许考生向考官乃至皇帝直接"上请"题义的。因此卢、王二人的交流并不违规，更不是传义。苏轼指出，按律只有夹带和代笔的举子才应该被驱离考场。他拒绝逐出卢、王二人。

两次驱逐考生都受阻，使巡铺官与苏轼之间的矛盾进一步激化。

苏轼清楚，巡铺官如此卖力有两方面原因：一方面，皇帝直接派来的内臣想要打压举子，树立自己的威风。为了体现对科举考试的重视，宋哲宗特意派出身边的宦官石君召、郑永崇等率队巡铺。这些人平时受到读书人鄙视，此次有机会给他们做监考，自然要拿着鸡毛当令箭，恣意行使"合法伤害权"。另一方面是有着巨大的利益驱使。按照大宋有关规定，巡铺兵在考试过程中查出一人舞弊，即可以得到 50 万文奖励。为了拿到这笔奖金，甚至曾有巡铺兵将自己携带的小纸条偷偷扔到考生脚下，以诬陷考生相互传义；也有巡铺兵发现与考试毫不相干的书籍，便认定考生有夹带行为。为阻止巡铺兵无理骚扰考生，此前两天，苏轼已经上书哲宗，请求将巡铺官石君召调出考场，得到批准。苏轼也知道，石君召的调走，肯定会促使郑永崇拼命地报复考生。

而在郑永崇看来，苏轼不但阻挡了自己的财路，而且分明就是一个"士子控"，喜欢像母鸡护仔似的偏袒读书人。苏轼一向自称"眼前见天下无一个不是好人"，对考生的舞弊行为更是有意睁一只眼闭一只眼。据说，就在此次考试中，苏轼便串通了"苏门六学士"之一的李廌舞弊。具体情况是：当年正月十七日，苏轼在进入考院锁厅（考官接到任命就去考院，直到考试结束才能离开）之前，曾派人给李廌送去一封信，并附上文章《扬雄刘向优劣论》。不料李廌有事外出，信件放在桌上，被前来串门的章持、章援（二人皆宰相章惇之子）看见；不等李廌回来，二人顺手拿走了文章。开考之后，章持兄弟俩发现有篇论题正是《扬雄刘向优劣论》。二人大为惊喜，提笔一挥而就。而李廌一片茫然，难以落笔。考完阅卷，苏轼看到章持、章援的试卷，以为必有一人是李廌，便分别将二人录取为第一名和第十名。待全部试卷评定等次，打开弥封，才发现李廌未被录取。之后，苏轼设宴送李廌还乡，席上赋诗一首："与君相从非一日，笔势翩翩疑可识。平生谩说古战场，过眼终迷日五色。"自称平日熟识李廌的文风，此次阅卷竟然走眼，内心满是遗憾与歉意。此事真假难辨，毕竟只是后人笔记中的故事。

虽然一再受阻，郑永崇却是愈挫愈勇，他命令巡铺兵加大巡查力度。你苏轼不是说夹带、代笔者可以驱离考场吗？那就查夹带！郑永崇团队的工作效率极高，当天下午就查出了3名夹带进场的考生。夹带者被送到苏轼面前。人赃俱获，苏轼只能默许将3人驱出考场。扳回一局，兴奋之余，抓获舞弊考生的巡铺兵当场大声喊叫。此后几天，巡铺兵乘胜追击，严加巡查，将考场弄得鸡飞狗跳，却是一无所获。二月十一日，一个名叫蒋立的举子偷看夹带的小抄，被巡铺兵当场捉住。为庆祝这得之不易的胜利，巡铺官陈慥指挥约50名巡铺兵一起又唱又叫。叫声震彻考场，举子们都吓得胆战心惊，无法考试。苏轼知道，这是巡铺官在向举子们示威挑衅，如果不及时制止，很可能发生考生追打巡铺兵的群体性事件。而这一次巡铺官是皇帝身边的人，如果出现意外，可能就是政治事件了。苏轼一面派人安抚考生，一面派人飞马向皇帝汇报。哲宗也清楚，省试考场的一举一动都会影响到全国的士风民风。他毫不犹豫，立即召回了郑永崇、陈慥。

这一次，站在考生一边的苏轼取得了胜利。

练亨甫 VS 苏轼

练亨甫、郑永崇等人的人品虽然不值得恭维，但他们严肃考场纪律的作风应该表扬。正是因为这样的严格执纪，大宋的考试才公平，大多数士子的利益才能得到保障。而苏轼对士子们并不是有意纵容，他只想给士子更多的温暖和尊严。他们是大宋天空上两种不同的天体，闪耀着各自的价值光芒，构成了那个时代特有的人文色彩。

假如练亨甫和苏轼成为同场考官，会发生什么事情？历史不给机会证验，我们可以看看另一个有趣的事件。

宋神宗赵顼在位时，曾委派刘攽和王介同为开封府解试试官。刘攽天性诙谐，爱开玩笑，有点儿像苏轼；王介个性倨傲，认真执拗，略似练亨甫。这二人都是苏轼敬重的友人，平时相互欣赏。评阅试卷时，王介发现一位考生在文章中使用"小畜"二字，因为"畜"字音近"顼"字，与皇帝名字同音，有犯忌嫌疑，所以主张黜落他。刘攽则认为，礼部事先并未规定"畜"字应该避讳，不同意黜落。二人因此争吵起来。情急之下，刘攽开了一句很不地道的玩笑："这个'畜'字不是犯了皇帝的名讳，而是犯了你王介的家讳。"意即王家是畜生。这一下，王介怒不可遏，立即问候刘家祖先。眼看争执要升级为拳脚相向，其他考官连忙出面制止，最后两人都被罚款且罢免考官职务。千万别以为二人的友谊小船说翻就翻了，他们相互骂娘都是为了公事，只不过一人为了维护制度权威，另一人为了保护士子权益——既然都无私心，就根本不会有什么私恨。于是，从考场上"下课"之后，二人又在一起喝酒作诗，谈天论地，其乐融融。

如果练亨甫与苏轼共同主持考试，会不会也是这个结果？可以意见截然相反，也可以脸红脖子粗地掐架，但是私底下继续称兄道弟，相互敬佩。宋代的那些考官就是这么可爱。

下榜士子廖复的自我拯救

大宋的科举考试正在进行之中。如果考生发现考官有违规动作，导致录取结果不公，或者只是仅仅认为考官不公，他们有办法纠正考官的错误吗？有！那就是敲击登闻鼓。这是大宋举子在考试中实现咸鱼翻身的有效途径，同时也是大宋科举自我纠错的强力举措。

登闻鼓第一次响起

公元 1019 年（宋真宗天禧三年）的科举考试发生了许多离奇而好玩的怪事。事情先从公元 1018 年（天禧二年）的解试说起。

作为大宋的京城，开封府的解试一直是全国关注的焦点，不仅因为它录取的比例远高于其他地区，也因为这里聚集了大量高官权贵的子孙，以及众多渴望得到进士出身的官员——他们能否公平地参加考试，更令天下士子注目。

宋代一直在追求科举的公平。为避免高官的子弟、亲族、门客等在考试时与考官串通作弊，宋初就实施别头试，即把有关系有后台的士子集中到一起另设考场考试，录取名额另算；虽然录取比例高于正常考场，但避免了他们与寒门子弟竞争，也是一种基于现实的公平手段。还有一类人，他们通过恩荫（因父辈或祖辈是高官而被朝廷授官）已经获得官职，但因为不是进士出身，在官场上既受人轻视又难以得到提拔。相比而言，那些有进士出身的人，10年之间就晋升为高级官员者大有人在。所以，这些"有官人"也渴望在科场上拼搏一把。因为本身就是官员，他们一旦走进科场，就掌握着串通作弊的资源，对他们也不得不加以提防。

公元1018年（天禧二年），朝廷制定"有官人"的科考政策，即"锁厅试"。七月十二日，离本年的解试还有两个月，真宗提前发出诏告：各地"有官人"参加考试，必须由上级长官保举，按正常程序参加，合格后参加省试。这与别头试相差不多。接下来才是锁厅试政策的重点：通过了解试的"有官人"，如果在接下来的省试中不及格，本人将被撤销原有职务，保举他的长官和解试的考官也都要受到牵连，按律重罚。

不得不说，这一政策过于严苛。须知，当时全国一次录取的各类进士也只有300名左右，而通过解试后参加省试的士子一般有1万多人。在只有3%左右的录取概率下，有多少官员敢拿头顶的乌纱帽去冒险？但事实证明，我们小看了宋朝文人的冒险精神。当年九月解试报名结束后，有关部门统计发现，报考的"有官人"数量实在太多，因此向皇帝建议：鉴于参加锁厅试人数过多，请诏令此后高官子孙有文才者不得通过恩荫授官，已被授官者则不得参加科考。宋真宗驳回了这条建议。

九月十二日，开封府解试开始筹备。宋真宗直接派出朝廷的官员前去主持考试。考官队伍堪称豪华，判度支勾院任布和直集贤院徐奭、麻其温主持开封府解试，直史馆张复主持锁厅试解试。在宋代，直集贤院、直史馆这类官员虽然级别不高、权力不大，但都在皇帝身边行走，将来一般都要委以重任。

考试过程比较顺利，但发榜当天出现了波折。一个名叫廖复的考生没有从榜上找到自己的名字，却发现郭稹高居榜首，当场便愤懑不平。廖复平时与郭稹有所交往，自认为学问并不在他之下。看到郭稹名列榜首，廖复心里万分不服；同时看到很多平时远不如自己的人也榜上有名，他便认为这场考试一定存在黑幕，于是拉着一帮同样落榜的考生前往皇城门边的登闻院，奋力敲响了那面登闻鼓。

落榜考生敲登闻鼓要求复试，在宋代已有先例。早在公元973年（宋太祖开宝六年），即宋朝建国的第14个年头，省试落榜的士子徐士廉就敲响过登闻鼓，控诉主考官李昉徇私舞弊，取舍不公。凡对朝廷有意见的官员或百姓都可前往登闻院击鼓申诉，任何人不得阻拦。宋朝初年，曾有百姓击鼓控诉开封府不作为，说自家丢失一头猪，开封府竟然不积极帮忙寻找。宋太祖亲自接见了告状的农民，并让开封府补偿此人1000文。徐士廉敲鼓状告李昉徇私舞弊，这事可比找猪严重一万倍。赵匡胤大为震怒，要求立即重新举行考试，地点放在皇宫中的讲武殿。赵匡胤亲自担任主考官。参加重试者包括本来已经录取的11人和自认不该落榜的184人。重试结果，本来已经被录取的武济川（李昉的同乡），因文辞不通被黜落，而徐士廉则荣登榜上。从此之后，省试后再由皇帝主持一次殿试便成为惯例。敲登闻鼓也成为落榜士子争取重考权利的常用手段。

现在廖复敲响了登闻鼓，宋真宗自然高度重视。他立即下诏：原有考试结果作废，重新评阅所有试卷，同时严查考试过程中有无作弊行为。调查结果显示，的确有官员做了手脚。本来，为防止考官徇私舞弊，宋代建立了一套严密的科举制度：考生交卷后，先由弥封官把考生个人信息密封起来，再将试卷编好号码交给誊录官；誊录官把全部试卷重新誊录到另一张纸上，以便消除考生笔迹和暗号，再交给主考官评卷；主考官负责评定誊录卷的等次，评好后交给编排官，而无从知道原试卷的主人是谁；编排官负责对照誊录卷上的编号找到原卷，打开密封查找出考生姓名，并按主考官评定的等次排好考生名次，而无权评卷和更改名次。然而，此次考试过程中，副主考官徐奭违反规定，暗中打开原卷的密封处，查看了考生姓名。这种违规操作，无论最后是否影响到录取的公正性，都可以认定为舞弊。

重新阅卷的地点放在皇家图书馆——秘阁。十一月十六日，重新评阅开封府普通解试考生的试卷。宋真宗派出身边的重臣组成了阅卷官队伍，包括翰林学士（皇帝"秘书"）钱惟演、盛度，枢密直学士（皇帝"军事顾问"）王晦叔等。十一月二十九日，重新评定国子监和别头试考生的试卷，评阅官队伍同样豪华，包括翰林学士承旨晁迥、知制诰陈尧咨等。

评阅结果呈报给宋真宗。郭稹仍然是第一名，但原来被黜落的70多人被重新录取，其中包括廖复。廖复因此获得"还魂秀才"的称号。因为录取不当，原先的一批主考官，包括任布等，全部降职且被发配到边远地方任酒税征收官。

与此同时，在开封府以北约120公里处的滑州，也有落榜士子在为自己的命运抗争。参加滑州解试的落榜士子杨世质等人，向京西转运使（朝廷派出的管理京西财政的长官）上诉考试不公。转运使把杨世质等人的试卷调到开封府以南约100公里处的许州去重新评阅。重评结果是，杨世质等人考试合格，应予录取。转运使一面让滑州录取杨世质，一面向朝廷汇报处理结果。宋真宗不乐意，责问转运使：

"为何不请示朝廷便敢擅自录取落榜士子？"诏令滑州再把杨世质等人的试卷原件送到京城考试院再次评阅。第三次评阅结果是：杨世质试卷文辞不畅，见解低劣，落榜！

登闻鼓第二次响起

解试只是为了获得参加省试的资格，真正决定士子命运的，是由礼部主持的全国省试。

宋真宗天禧三年（1019）正月初九，省试正式启动，真宗宣布由翰林学士钱惟演、工部侍郎杨亿等为考官。直史馆陈从易等为别头试主考官。

杨亿是当时全国文坛领袖、"西昆体"诗派领军人物，据说之前就有很多人猜想杨亿将被任命为此次省试的考官。一天，杨亿设宴招待老家福建浦城来京赶考的举子，酒酣耳热之际，一考生大声对杨亿说："皇上必选您当考官，请您指点一二！"杨亿听见这话，立即脸色一寒，扔下一句"于休哉"，便甩袖而去。结果，此次考试在文章中使用了"于休哉"三字的考生都被录取了。这只是传闻，但考官和考生约定好通过具体文字相互串通是常用而效果明显的作弊手段。

正月十七日，考生入场。进入考场前，参加省试的举子前往皇宫接受皇帝召见。举子们黑压压地站在崇政殿前的广场上，山呼万岁，高声谢恩，然后肃然站立。4300多人的广场上一时悄无声息。大家满怀激动地等待着皇帝诏令。正在此时，人群中突然传来喧嚣声。真宗皱了皱眉头，命令典谒官（传令官）前往问明白缘由。典谒官问明情况，回禀真宗："考生廖复状告开封府解元（解试第一名）郭稹，其祖母去世不久，他尚在居丧。按律，居丧赴考是大罪，请求皇上撸去郭稹解元名头。"一旁的礼部官员大吃一惊，召来郭稹询问事情真假，没想到郭稹一口承认。礼部官员又召来郭稹的几名同保考生（相互保证考生符合考试条件），询问他们是否知道郭稹是"冒丧赴举"，是否愿意继续为他作保。几位考生赶紧申明事前并不知情，希望解除同保关系，只有一个叫王洙的考生朗声回答："继续保，不愿改变！"于是，郭稹殿三举（剥夺三次省试资格），王洙殿一举（剥夺一次省试资格）。

一天，杨亿在考场里，忽然有考生前来请求考官明示尧舜是什么时候的人物。杨亿心想：这种人怎么混过解试的，竟然还能来参加省试！他压制住心中的蔑视，以戏弄的口吻回答道："有疑问的典故不要使用。"等考生退下，几位考官哄堂大笑，考生纷纷猜测：考官们遇到什么好事了？很快，皇帝也知道了此事。

二月十四日，省试发榜。廖复第一时间赶到榜前。他反复阅读了几遍榜单，绝望地发现自己榜上无名。廖复灰心绝望，却惊喜地听到登闻院那边又响起了洪亮的鼓声。

原来，另一拨落榜士子如陈损、凌景阳等也愤愤不平："我满腹才学却榜上无名，一定是考试不公！"在大宋王朝做考生还是很幸福的，只要觉得考试不公，不需要任何证据就可以去鸣鼓申诉，皇帝也一定会派人调查。但是，调查结果决定着告状人的命运。

宋真宗派人调查此事。一来，凡是通过登闻院转来的申诉案件，皇帝都格外重视；二来，他也听说不知尧舜的考生也来参加省试，想要看看这其中究竟有无黑幕。于是，部分试卷被调来重新审阅。调查刚刚开始，登闻院那边又响起了鼓声。这一次是别头试考场的下第考生黄异等人状告考官陈从易录取不公。查！一起查！已经录取的别头试考场的试卷也被集中到一起重新审阅。

重阅结果显示：礼部考场已录取的考生中有 5 人文理稍次，别头试考场已录取的考生中有 2 人文理荒谬，陈损、黄异等人的诉状存在虚妄之处。调查结果没有发现明显的作弊和不公现象，这令真宗暗暗松了一口气。他下诏：文理不合格的士子黜落，文理较好的廖复等人被重新录取，主考官钱惟演等人官降一级，陈损、黄异等人打完板子发配边远地方，其他联名告状者殿二举。

别人敲鼓，廖复得利，他第二次成为"还魂秀才"。

登闻鼓第三次响起

接下来是殿试。

三月九日凌晨，天色未明，廖复就随同 200 多名通过省试的士子，在皇宫卫士的带领下走进崇政殿。崇政殿上，宋真宗已受完百官朝拜，正等着接受参加殿试的士子们参拜。

参拜完皇帝，廖复按照高高悬挂在殿外的座位指示图找到自己的座位。刚刚坐定，皇帝就派人发放试题，包括"君子以厚德载物"赋、"君子居易以俟命"诗、"日宣三德"论各一篇。发完试卷，时间已到早上 7 点多钟了。皇帝回宫进膳，赏赐给各位士子的朝食也很快送了过来——每人一块太学馒头、一碗羊肉泡饭。饭罢，内急的士子抱起自己的试卷，拿好自己的号牌——这是出入皇宫、行走考场的唯一凭证，一旦丢失不能再补——在卫士的带领下前往如厕。接下来，便在宰执、内官的巡视下，考试开始。直到下午四五点钟，皇帝再次来到崇政殿，看士子们交卷。交完试卷，归还号牌，举子们走出皇宫，各自回到住处解决晚饭。在宋代，一般人一天只吃两餐。

廖复煎熬地等待了 5 天，等来了让他欣喜若狂的结果：他通过了殿试，成为大宋的一名进士了！

第二天，廖复与所有新科进士一起三进皇宫，接受唱名赐衣。宋真宗端坐于集英殿上，听宰执们诵读前三名试卷。宰执每读完一份试卷即朗声念出考生姓名，传令官紧接着高声重复，台阶下的 7 名卫士再一起高呼进士的姓名，声音清晰地传达到大殿内的每个角落。这就是令天下所有读书人艳羡的"胪传"。三遍传呼之后，被唱名的进士走出人群，躬声朝殿上高呼谢恩，再退回人群。一甲、二甲（前两个等次）的，当场赐进士及第；三甲、四甲，赐进士出身；五甲赐同进士出身。

廖复名列第五甲，虽然等次不高，但听到大殿上响起自己的名字时，他仍然犹如触电一般全身颤抖，好不容易控制住自己完成谢恩礼，脑子里还是一片茫然。就在廖复发呆的时候，殿下传来一阵骚乱。廖复稳住神思，听到旁边的进士们正低声私语："前面已经有一个三甲的王言了，怎么又有一个王言？"很快听到卫士高喊："宣三甲王言、五甲王言上殿！"

只见两名进士同时走出人群，走近皇帝御座。真宗亲口问道："五甲王言是哪里人氏？""臣是睦州人氏。"宋真宗讶然道："睦州王言应该名列三甲啊！"他又转向另一位王言问道："瞿州王言，你本是五甲，为何抢了睦州王言的三甲？"瞿州王言立即惶恐地跪倒，高声乞求："念臣已经谢过圣恩，皇上金口赐过臣进士出身！"宋真宗稍一思索，答道："既如此，瞿州王言还是赐进士出身，睦州王言就赐同进士出身吧！"出身不同，不仅关系到面子和荣誉，更影响今后在官场上的升迁速度，二者之间的区别着实重大。宋真宗思来想去：睦州王言既有才能，又懂谦让，这样的士子怎么能亏待他呢？第二天，宋真宗下旨赐睦州王言进士及第（前二甲）；并下诏，从此殿上唱名必须同时传唱籍贯和姓名，以免出错。

唱名结束，进士们一起走到殿外，在走廊上各自领取一套绿色的官服，套在身上。这就是"释褐"。虽然官职尚未确定，但它已经标志着从此之后这些人就是大宋的官员了！

几天后，新科进士们向各自的亲友报完喜讯，相约聚在兴国寺喝酒玩乐。宴会上大家都豪情勃发，喝酒猜拳，吟诗作赋。大家兴致正高时，突然有朝廷官员闯到宴会上，高声喝令全场肃静，然后宣称："有人敲登闻鼓诉殿试录取不公，经核查，部分进士将被黜落！"

无异于一声晴天霹雳，廖复顿时汗出如浆。所有人都面如死灰，瘫倒在椅子上。每念到一个名字，廖复都会听到一声从喉咙深处挤出的惨叫，然后是努力压低的哭泣声。在官员的催促下，被念到名字的进士抖抖索索地脱下官服、朝靴，恋恋不舍地交还，然后满脸羞红地离开。只有一个名叫石曼卿的进士，听到自己被点名时仍然面带微笑。他轻松站起身来，利索地脱下官服，随口吟诵道："年去年来来去忙，为他人作嫁衣裳。仰天大笑出门去，独对东风舞一场。"吟完，他大笑一声，离开了兴国寺。朝官面无表情地看着石曼卿离去，继续按照手中的名单宣读黜落者。21个名字念完，朝官收起名单，带着21份官服转身离去。直到朝官走出兴国寺大门，廖复才感觉魂魄回归到身上。

原来，这次殿试名次排定过程中，编排官陈尧佐严重违规。按照规定，殿试等次由考官评定。考官评卷有严格流程：先由初评官评阅，在卷首写下等次、评语，签名，交由弥封官密封好等次及评语，再交给复评官；复评官再次写下等次、评语，签名；最后，详定官对照初评官和复评官的评阅结果确定最终等次（初评官和复评官评阅结果一致，采纳二人结果；如不一致，由详定官另评）。编排官只负责按照最终等次抄录编排好考生名次，而无权对名次做出任何更改。而陈尧佐拿到考卷时认为详定官评定不准，就擅自改动了近百名考生的名次。那些落榜的考生知道情况后敲响了登闻鼓，宋真宗连忙派人调查处理。

三月二十一日，处理结果宣布：已被录取的进士中，21人追夺出身，予以黜落；4名被误落的考生给予出身；一批人给予免解试（可直接参加下次省试）、免省试（直接参加下次殿试）；陈尧佐降职一级。

经过各种曲折往复，天禧三年的科举考试落下了帷幕。廖复的起起落落浓缩了大多数宋代士子的人生经历：考试，落榜，再考，再落榜，再考……登闻鼓则是大宋王朝给予他们的一次又一次逆袭机会。

宋代科举考试舞弊那些事

考场是一个作弊与反作弊的战场，没有哪个时代能够例外。可能获取的利益越多，作弊的动力也就越大。面对中举后灿烂前景的诱惑，部分举子想出了种类繁多的舞弊方法，也上演了许多超出人们想象的离奇故事。

武力作弊

这是一个朝廷官员不惜动用国家机器维护舞弊者利益的极端事件。

南宋高宗绍兴二十六年（1156）八月十五日，镇江府解试开考。这天早上，天色将明未明，镇江士子钱弼、周晋等近20人已经静静地把守在考场门口。他们手中紧握的不是毛笔和砚台，而是木棒和石头。他们早早守候在这里，是要阻止一批侯官（今福建福州）考生前来镇江参加考试。

对镇江考生来说，今年开年以来接连传出的各类消息让他们又喜又怒。正月初九就有殿中侍御史提出，近年来考官徇私，公道不行，富家子弟严重阻断了孤寒士子的进身途径，朝廷应该大力改革，根除一切不公现象。这道奏章一经公开，天下士子欢声雷动。秦桧于去年见了阎王，他遗留在科举考场上的种种乌烟瘴气终于要被清算了！果然，六月八日宋高宗下诏：自今年起，通过省试的官员子弟，还须上报朝廷，另做一轮严格审查。宋高宗还对考官们举例说："即使当年秦桧的孙子秦埙殿试时被考官列名第一，也被朕亲自降为第三，绝不能让高官显贵凭借自己的权势压制孤寒子弟。"八月九日，高宗又颁发了一条更令天下士子兴奋的诏告：秦桧在位时徇私录取的亲朋旧党，部分尚有学识者降级处理，毫无学识的则即刻清退，腾出的位子添加到今年的省试名额中。也就是说，今年省试的招录名额将比往年增多。

但也有让人愤怒的消息。开年以来，朝廷数次发布诏书打击冒籍行为。所谓冒籍，也叫冒户，就是解试录取率相对较低地区的考生通过篡改户籍等手段前往录取率较高的地区参加解试（相当于高考移民）。为解决这一问题，四月十七日，朝廷增加了 15 个州郡的解额（解试录取的数额），其中温州增加 5 人，福州增加 2 人，镇江的解额则没有增加。

更让镇江士子愤怒的是，有传言说，今年刚刚调任镇江知府的林大声，到任不久就带来了十几名福州老家的士子。据说这些人都已落户镇江，即将参加镇江的解试。福州增加了 2 个解额，那边的士子却还"移民"来镇江参加解试，这对镇江士子是一种巨大的不公。即使是公平考试，他们也很可能凭空抢占镇江的名额；更何况，有知府大人的亲自参与，这场考试就一定没有公平可言。

得知这一消息，钱弼、周晋等人曾往州府谒见过林大声，询问福州人冒籍来考的传言是否为真。林大声却既不承认也不否认，只是打着官腔教育钱弼等人："年轻人，不要考虑太复杂，眼前最要紧的是温习好课程，以最好的成绩报效朝廷。"钱弼搬出考试条例说冒籍可是重大违法……话未说完，就被林大声呵斥一顿："你们这是要给本官上课吗？"结果是不欢而散。

从林大声的反应来看，钱弼、周晋相信福州人冒籍镇江参加考试一事绝非乌有。大家商定，既然事前无法阻止，那就在考试当天将这些福州举子阻挡在考场之外！

林大声也绝不是善与之辈。他曾在宋军中担任钱粮总领官，又任过主管大案审查的提刑官，见惯各种血腥场面，性格中浸透了军人的杀伐果断。他知道镇江举子必不会就此罢休，但他相信只要他这个知府大人出面，这帮读书人绝对翻不出什么浪花。

开考当天，林大声亲自带领几名卫兵护送福州举子前往考场。到达考场门口，却见大门被一群手持木棒的举子牢牢守住。林大声不急不躁，这种秀才造反的把戏他并未放在眼里。林大声面无表情地命令钱弼、周晋："见了本官还不退让？"出乎他的意料，无人退避，也无人出声。现场一片沉默，大家都用愤怒的目光紧盯着躲在卫兵身后的福州举子。林大声见无人搭理，一阵怒火直冲头顶，大声喝道："你们竟敢公然持械阻拦本官，难道是想犯上作乱吗？！"看见上司发火，那些卫兵不等命令，直接冲向钱弼等人，想要硬生生开辟出一条通道。这一举动犹如把水滴投进了滚油，镇江举子立即炸开了，他们挥起木棒，甩出石子。有几个卫兵当即挂彩，林大声也被飞石砸中了头巾。

林大声没有料到举子们竟然真敢动手！堂堂知府大人的颜面何在？但好汉不吃眼前亏，林大声在卫兵保护下匆忙撤退。回到州府，他立即调集更多卫兵反扑，却发现考场门口已经空无一人，镇江举子已各自躲藏了起来。恼羞成怒的林大声命令卫兵全城搜索，凡是举子打扮者全都抓捕！当时的镇江处于宋、金交界，两国之间因和议暂无战争。但边疆守臣时刻神经紧绷，掐灭一切影响稳定的苗头是林大声应尽的职责。因此，此次搜捕行动非常高调，共抓获举子18名，钱弼在列，周晋逃脱。林大声一边将举子犯上作乱事件迅速上报朝廷，一边折磨举子意欲办成结党作乱的重案。

朝廷接到上报，大为震惊：边疆地带出现结党作乱之事，稍有不慎将影响国家大局稳定！于是成立调查组前往现场取证。调查结果很快呈报上来，宋高宗看完报告既惊又怒："我自年初就一再下旨，务必根除科考之弊，竟然还有朝廷命官公然派兵护送冒籍举人赴考！此人胆子何其之大，其中利益纠葛又是何其之深！"

最后处理结果是，林大声罢职，钱弼等7人作为首谋，发送边远州郡管制，其余各人被剥夺考试权利数年不等。

"不有其父"

冒籍本是不可告人的违法行为，只能私底下偷偷摸摸地操作，林大声却敢于动用国家兵力公然强行推进，不是他太无脑就是利益太大。一旦被查，乌纱帽自然不保。既然公然作弊代价太大，那就多动些脑筋换些花样，结果又会如何呢？

章仲衡冒籍赶考的手法便非常高明，离成功只差一步。

公元1184年（南宋孝宗淳熙十一年）省试刚结束，春榜还没有发布，但处州举子章仲衡已听到小道消息——他已经通过了省试，只等正式放榜。然而他开心还不到一天，又有消息传来——有人怀疑他去年解试时冒籍，有关部门正在调查。这让章仲衡倒吸一口凉气，他意识到要穿帮了。

章仲衡本已通过了省试，而编排官在抄录名次的过程中偶然发现了问题。按照程序，编排官抄下誊录卷上评定的等次，再对照编号打开原卷，抄录对应考生的姓名和籍贯，录取工作便告完成。但这一次章仲衡运交华盖，编排官抄录好等次后觉得这个名字有些眼熟，便顺口问了一下其他考官："大家可知道章仲衡此人？"有人回答："可是江西参议官章谦之子？前两年章谦在京城杭州当朝官时，章仲衡随侍在京，我们都见过他的。"这么一说，大家恍然想起，确有此事。既然是同僚之子，大家格外关心，又拿起试卷想看看章仲衡见解如何。没想到，细看试卷却发现了疑点：章谦的籍贯是处州（今浙江丽水），而这个章仲衡的籍贯却是鄂州（今湖北鄂州）。为了防止冒籍，考生都得在试卷顶端写下自己的籍贯，以及上三代父、祖的姓名、官职等。从试卷上看，这个章仲衡的父亲名叫章谈，并不是章谦。更奇怪的是，章仲衡的祖父、曾祖父又与章谦的父亲、祖父同名。大家意识到：章仲衡应该就是章谦之子，很可能是为了冒籍考试而将户籍落到章谈家。

事情被迅速上报朝廷，调查也很快有了结果：此前一年即公元1183年，是各地解试开考之年。章谦时任江西参议官，章仲衡跟随父亲在江西路隆兴府（今南昌）读书。按照规定，为避免不公，当地主政官员和考官子弟不能与普通举子一起考试，而必须参加由朝廷转运司（朝廷派出管理各省财政的机构）主持的牒试（又称漕试）。又有规定，只有一定级别官员的子弟或门客可以牒试，像参议官这种下级官员的子弟只能回原籍考试。章谦希望儿子能参加江西的牒试，但级别不够，只能另想办法。办法还是有的，当时还有另一项规定：离家2000里之外的士子，如果来不及赶回家乡考试，可以参加当地牒试。为此，章谦联系了远在鄂州的弟弟章谈，悄悄把章仲衡"过继"给弟弟。章仲衡既然落籍到2000里外的鄂州，也就具备在江西牒试的条件。不出所料，章仲衡通过了牒试，获得参加省试的资格；现在又通过了省试。

调查组呈给朝廷的报告，除了详细汇报调查过程，还特别在结尾处加上一句："仲衡方应举觅官，乃辄冒户贯，不有其父；他日移此心以事君，其可乎？"意思是说，这小子现在为了考个试就假冒户籍不认亲父，将来当了官还会忠于皇帝吗？一句话便将一件科场舞弊案件提升到政治高度了。章仲衡最终被剥夺功名，其父章谦也难逃被罢职的下场。

同样是冒籍，周总、王济之流才真正是赤裸裸的"不有其父"。

北宋真宗年间，福州举子周总游历京城开封，看到朝廷发布解试开考的诏令。那时候大宋科举制度还没有成型，有时候一年考试一次，有时候几年不考。因此，很多家产丰厚的士子就住在京城一边读书一边候考。公元1018年（宋真宗天禧二年）朝廷下诏，当年举行解试，次年举行省试。考虑到回福州参加解试已经来不及，周总便投奔熟人应天府（今河南商丘）知府，想在应天参加考试。朝廷明确要求严格禁止考生在非户籍地参加解试，知府不敢随便答应。知府告诉周总，府里有位文书名叫周吉，家里资产非常雄厚，或许可以帮助他。大家都是聪明人，周总一听就知道如何操作。他立即找到周吉，要拜周吉为父。凭空捡了个儿子，还因此抱上了上司的大腿，周吉也是万分乐意。周吉与周总统一好对外解释口径：早年周吉有一小妾犯事被逐出家门，带走了一个男孩；现在男孩长大了要回归家门，他便是周总。落籍开封后，周总顺利通过了解试，准备迎接礼部举办的省试。悲剧的是，消息传回福州，周总的亲爹寄来一首诗，宣称与周总断绝父子关系。周总因羞愧一病不起，继而一命呜呼。

相比周总还有羞愧心，王济则是毫无人伦底线了。

公元1029年（宋仁宗天圣七年），庐州（今安徽合肥）士人王济准备参加解试。庐州的录取率实在太低，王济很想到开封参加考试。朝廷虽然严禁在异地参加解试，但也规定，如果本人或父祖辈在某地买有田产且住满相应年限，就可以落户当地参加解试。当时王济的哥哥王修已在开封府祥符县买有田地18亩，符合购地入户的资格。问题是，王修的身份是哥哥，而不是父祖辈。为了落户，王济咬牙自降一辈，认哥哥做父亲、嫂子做母亲，获得了开封府解试资格。

上有政策，下有对策。只要胆子大、脸皮厚，还真没有什么事能难得住某些人！

舞弊大全

冒籍是进入考场之前的一种舞弊手段，至于入场之后作弊的手法更是五花八门，令人叫绝。

夹带是古今通用的一种手段，也被宋人玩出令人惊奇的境界。人数较多的夹带，发生于公元1012年（宋真宗大中祥符五年）省试，仅诸科考场就有18人因此被逐，受到牵连的同保人达到93名。一人夹带资料最多的，是大宋王朝的某宗子（皇帝的后裔），在公元1219年（南宋宁宗嘉定十二年）省试中带着12份小抄入场，自己使用一份，其余11份分给旁人，结果12人全被录取。

串通也时常可见。在宋代，四川类试考场臭名远扬，天下士子都知道那边的考官特喜欢与举子串通作弊。所谓类试，是指离京城较远的地区，因士子不便赴京省试，就在本地举办、获朝廷认可的考试。公元1189年，李壁、李埴兄弟二人（《续资治通鉴长编》作者李焘之子）和同乡的侯某参加四川类试。李壁、李埴都是文章高手，但律赋写作是弱项，而侯某以善作赋闻名。考试之前，二李贿赂侯某，请其帮他们在考场上润色律赋。进入考场后，侯某按照事前约定，乘如厕时偷偷把润色好的律赋递给李壁、李埴，顺便询问二人诗歌写得如何。不料二人支支吾吾，还下意识地掩藏起自己的试卷。见此情形，侯某认为其中必有蹊跷。当场考试结束，侯某偷偷跟在二李身后；等到他们交完试卷离开，立即贿赂守卷人员，拿出二人试卷查看。两份试卷展开在面前，侯某稍做比较就看出问题所在：二人诗作的颈联竟然完全一样，都是"日射红鸾扇，风清白兽樽"。侯某立即跑回号舍，把自己诗作的颈联也改成相同的句子。省试结果发布，三人全都榜上有名。李壁、李埴前去向主考官道谢，主考官却不悦地问："这两句诗我只让你们兄弟使用，你们怎能再转告他人？"李壁、李埴一脸茫然："我们没有向外泄露啊！"这场考试，考官与考生、考生与考生之间串通一气，实在让人防不胜防。

请人代笔也让官方头痛。沈晦是公元1124年（宋徽宗宣和六年）的状元，他原来的名字其实叫沈杰。年轻时候的沈杰狂放不羁。一次，他抱着好玩的心态替别人参加省试，被当场发现。替考属于重罪，名单都要报给皇帝，由皇帝裁决发落。宋徽宗深度迷信道教，看到"沈杰"这个名字，记起在有部道家著作中见过，认为必非凡人，便吩咐只剥夺此人今后的考试权，不做刑事处罚。沈杰灰溜溜回到家乡，像条咸鱼一样混日子。后来，还是在一位老鸨的牵线下，他改名沈晦，以舅舅门客的身份参加科举。另有个名叫颜几的替考者，还和苏轼扯上了关系。颜几是杭州人，苏轼做杭州知州时颜几给"富二代"刘生替考并一举成功。发榜日，考生们看到刘生上榜，都愤愤不平，一起上访告状。苏轼一查，情况属实，按律将颜几收进监狱。但苏轼就是苏轼，他一边有意拖着案子不办，一边还派人给狱中的颜几送去酒肉。直到皇帝大赦天下，苏轼顺势将颜几无罪释放。

南宋时期士风颓废，考场上的混乱超出了人们的想象。就拿冒籍来说，北宋虽然有认兄作父的败类，毕竟还是少数士子的个人行为。到了南宋，士子与官员勾结，有恃无恐地舞弊见怪不怪。公元1218年，有外地士人冒充潭州籍贯参加解试，致使潭州与外地的士子在考场上大打出手，几位士子当场被打得奄奄一息。当地官员出于私心，不但不追究冒籍者，反而将本地士子治罪，最后闹到皇帝处才解决问题。同年，衡州考场也出现了冒籍者与本地士子斗殴的事件，最后有关部门偏信冒籍一方的说法，追逮了本地士子63人。

更神奇的是，还出现了一人同时交上几份考卷的现象。北宋时期，一方面出于消防要求，另一方面为了控制考试时间，考场禁止夜晚燃烛。南宋时取消了这一禁令，考生白天做完试卷，晚上可以再做一份，甚至第二天上午还做一份，一人可以用不同姓名上交两三份试卷。南宋考生人数本来就多于北宋，又一人上交几份试卷，考官根本来不及细细阅卷，只能随便扫一眼就判出结果——考试变成了撞大运的游戏。交纳多份试卷者如果过关，自己能进入官场，剩下的便让兄弟冒名顶替，或者卖给同族的亲戚，形成了"一花数开"的奇观。

南宋考场的糜烂引发了部分官员的忧虑。公元1183年（南宋孝宗淳熙十年），礼部郎官范仲艺归纳出当时考场上的十大弊病：假冒户贯（"移民"考试）、迁就服纪（逃避因守丧不能参加考试而改变亲属关系）、增减年甲（改变年龄）、诡冒姓名、怀挟文书、计嘱题目（泄露考题）、喧竞场屋（闹乱考场以浑水摸鱼）、诋诃主司（诬告考官）、拆换家状（伪造家庭出身）、改易试卷（偷换别人的试卷）等。

国之将亡，必有妖孽。到南宋理宗绍定年间，考场混乱达到顶峰，竟有大批考生的试卷一字不差的现象，朝廷专门设置考官甄别试卷异同。

与北宋相比，南宋科场已经毫无底线。从科举士人的精神上来看，南宋其实已经不能算是宋朝了，至多它只是宋朝的"植物人"状态。

（注：宋朝州府解试录取名额大致情况为：大州府一般为20人，中小州府仅10人，其取中比例为1/200至1/500。礼部贡院省试的取中比例一般为1/10。）

有官不得为状元
宋代科举抑制豪门有真招

一路过关斩将，终于走进了最后一场考试——殿试。一般来说，殿试只是排定省试过关者的名次而不予黜落（前期除外）。其中最引人注目的是第一名——状元。在宋代科举中，"朝中有人好办事"的定律不一定有效。尤其是想要成为状元，朝中有人很多时候反倒是个障碍。为了提拔贫寒子弟，宋朝明确规定：高官后人和有官人不得为状元。这是大宋确保科举公平的最后一道保障。

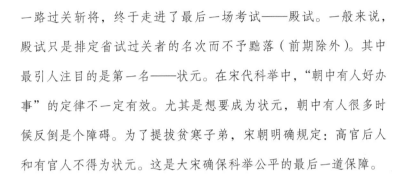

秦桧子孙"让"状元

南宋高宗绍兴二十四年（1154）三月，省试开考。作为大宋有史以来最有权势的宰相，秦桧决定这一次绝对不再"谦让"，一定要让孙子秦埙夺取状元。

12年前，秦桧已经让儿子秦熺错失状元了。那年礼部官员将初步拟定的名次和试卷呈报给宋高宗。名单上，秦熺第一、陈诚之第二、杨邦弼第三。宋高宗看了一眼名单，再翻阅一下试卷，觉得尚属公允，正要开口讲话，站在皇帝身边的左仆射（宰相）秦桧突然站出来说道："按照大宋惯例，大臣子孙不得列名状元。秦熺是我儿子，他也应该避嫌。"秦桧提议，陈诚之出身寒门，宜列为第一。宋高宗一听，大感欣慰：爱卿真是忠君爱国识大体啊，但也不能亏待了你家儿子。于是下诏，陈诚之为状元，秦熺为榜眼，此次前十名都以状元的恩例授予官职。秦熺本来就有官职在身，特别再官升三级。秦熺"让"出了状元名号，得到了最大的实惠。

秦桧表面上大度地辞谢，但那并不是他的本意。当时秦桧已经牢牢地掌握了朝廷大权，但前一年的十二月份，他以"莫须有"的罪名杀害岳飞，天下士子对他恨之入骨。他希望通过辞让状元，为自己树立公平正直、关爱儒生的高大形象。

秦熺虽然没有获取殿试第一名，那些善于巴结的大臣仍然称其为状元，纷纷写信向秦桧祝贺。平时最会拍马、号称"南宋词臣之冠"的汪藻这一回却拍到了马蹄上。他在贺信中夸张地吹捧秦熺"一举而首儒科，乃东阁郎君之未有"。东阁郎君即指宰相的儿子。他本来是想吹捧秦桧教子有方，没想到正击中了秦桧的心病——他此时正担心有人讽刺他以权谋私未遂呢。见了汪藻的贺信，秦桧不禁大怒。后来汪藻被秦桧借故贬到湖南，终身未能返回朝廷。

12年后的今天，秦桧在朝廷的地位空前巩固：国内再无反对力量，主战派基本被他一网打尽；外面也有强力援手，与金国的和约中明确规定南宋不得无故罢免宰相。秦桧可以无视天下人议论了。秦桧提前做好准备，确保状元毫无意外地纳入自家囊中。

此前一年即公元1153年（绍兴二十三年）的解试出现过意外。秦埙因为有右文殿修撰的官职身份，必须参加锁厅试。当年锁厅试是由两浙转运使陈之茂（字阜卿）主持。据宋人笔记记载，开考之前，秦桧邀请陈之茂赴秦府吃饭。酒桌上，秦桧命令秦埙给陈之茂斟酒，并趁大家情绪高涨，指着秦埙暗示陈之茂："我这孙子今后还需阜卿多多指教。"陈之茂打着哈哈道："遵命遵命。"锁厅试结束后阅卷，陈之茂发现一个名叫陆游的青年才情超群，便公事公办地把陆游列名第一，而把秦埙列名第二。秦桧得知这一结果，大为震怒，发誓绝不让陈之茂有出头之日。

为了确保不再出现意外，能让秦埙在省试中名列第一，秦桧将所有考官安排为自己的亲信。从弥封官、誊录官到初评官、复评官、参详官，再到编排官，所有考官意见高度统一：秦埙是当之无愧的第一名！评卷结果出来，监察御史、参详官董德元看到秦埙被确定为第一名时开心地大叫："吾曹可以富贵矣！"吏部郎中、参详官沈虚中无法抑制拍马的冲动，立即派人翻越围墙（考试仍在锁院中）向秦熺报喜。

秦桧终于松了一口气，顺便把陆游从省试录取名单中轻轻抹去。他的孙子秦埙即将为秦氏家族夺取一个状元了！

三月八日，宋高宗端坐在射殿上，亲自主持殿试。秦桧一脸严肃地站立一旁，胸有成竹地等待结果出炉。此前他已经做过安排，殿试的几位考官也都是他的亲信。为了万无一失，沈虚中还曾秘密向宋高宗建议：打破惯例，允许有官人为殿试第一名。

殿试结果出来，不出所料，考官把秦埙列为第一名，第二名、第三名分别是张孝祥、曹冠。名单和试卷一起送到宋高宗手中。宋高宗看了看名单，示意身边的大臣诵读试卷。试卷读完，宋高宗转身看了看两旁的宰执："爱卿们觉得如何？"宰执们齐声答道："恭贺陛下得此贤才！"宋高宗沉默不语。射殿上顿时一片沉寂。秦桧感觉不妙，正想说些什么，却听宋高宗开口道："有官人不得为状元，祖宗遗训不可妄改。宜令张孝祥第一、曹冠第二、秦埙第三。"听到皇帝口谕，秦桧脑子一嗡，面色赤红，却也无可奈何，跟着大臣们一起高喊"皇上圣明"。

两年后，秦桧业已亡故，宋高宗对当年抑制秦埙做出了说明："埙中甲科，所对策叙事皆桧、熺语，灼然可见。朕抑之，置在第三，不使与寒士争先。"（秦埙考卷上的对策文章，明显都是秦桧、秦熺平时的老话。我把他压制为第三名，是为了不让他和寒士竞争。）

权倾一朝，机关算尽，秦桧仍然没能为家族夺取一个梦寐以求的状元。这正是宋代贯彻执行"抑制权贵，奖掖寒门"政策的必然结果。

不与寒士争先

在殿试中不与寒士争先，基本成为宋代官员自觉遵守的规范，朝廷甚至为此不惜一再调整状元人选。

宋仁宗庆历二年（1042）三月二十二日，殿试唱名仪式在崇政殿举行。考官们将再三拟定的名单和试卷交给宋仁宗。名单上第一名是王安石。宋仁宗看过名单后，听大臣朗读试卷。听到文采和见解俱佳，宋仁宗满意地点了点头。忽然，他听到大臣读出一句"孺子其朋"，脸色立即阴沉。察言观色是大臣的基本功，朗读中止。"孺子其朋"是用了《尚书》里的一个典故，是周公辅佐教导年幼的周成王时所说的话，意思是"孩子啊孩子，你要与大臣交朋友"。当年的王安石才20多岁，宋仁宗已经30多岁了。一个比自己年轻的士子用这种口气教训自己，皇帝心底冒火。大臣把王安石的试卷放到一边，接着朗读第二名王珪的试卷。这一次试卷顺利读完，宋仁宗觉得其文理俱佳，可以列为第一名。旁边的大臣轻声汇报："这王珪有官在身，是不是……"宋仁宗点点头说："再看第三名吧。"拟定的第三名是韩绛。宋仁宗看了一眼这个名字，觉得眼熟。仔细一想：这不是宰相韩亿的儿子吗？试卷都不让朗读，直接跳过。然后宋仁宗转头问身边的大臣："第四名是谁，可是有官人？"大臣回答："第四名叫杨寘，没有官职在身。"宋仁宗又问："这杨寘可有父祖辈在朝中为官？"大臣答道："他并无父祖辈在朝为官，只有一个哥哥叫杨察，乃是宰相晏殊的女婿，现勾当三班院（管理低级武官）。"宋仁宗点点头，这才示意大臣朗诵杨寘的试卷。宋仁宗对这份试卷非常满意，听读的过程中始终满脸笑意。大臣看到宋仁宗的脸色，轻声补充道："这杨寘解试和省试时俱为第一，的确是个人才。"宋仁宗哈哈一笑——就是这人了！当场宣布殿试排名结果：杨寘为第一名状元，王珪为第二名榜眼，韩绛为第三名探花，王安石第四名进士及第。

杨寘是"有官人不得为状元"政策的直接受益者。除了王安石用典失误，他硬生生挤掉了前面另两位才子，从第四名一跃而独占鳌头。可惜杨寘30多岁便去世，他没有看到被他"抢占"名次的两位士子是多么生猛：王珪后来在神宗朝当宰相16年，深得皇帝信任；韩绛后来也官拜枢密副使、参知政事、开府仪同三司（正一品）。

7年后（中间有一年停考），宋仁宗又因为考生是有官人而将之降为第二。这次失掉状元头衔的是杭州人沈遘。沈遘在殿试笔试中取得第一名，但他当时已身为太庙斋郎，所以直接被宋仁宗改为第二名，原来第二名的冯京则被提拔为第一名。太庙斋郎是个八品的芝麻小官，也得按照惯例执行，概莫能外。

如果皇帝的儿子在殿试中被考官列名第一，皇帝是不是也得"让出"这个状元来？宋徽宗政和八年（1118）三月二十六日，皇帝主持殿试唱名。野史是这样记载的：大臣呈上的第一名是个陌生的名字，其人试卷文理优秀，宋徽宗非常满意，钦点为状元。奇怪的是，三次唱名结束，竟然没有人站出来谢恩。到底出了什么差错？考官们吓出了一头冷汗，其他人也都莫名其妙。正在这时，一个青年从宋徽宗身边站了出来。只见他朝宋徽宗屈膝磕头道："请父王恕罪，此乃儿臣的化名。"宋徽宗定睛一看：这不是自己的三儿子赵楷吗？赵楷抬头，看见宋徽宗皱着眉头看着自己，连忙解释说："儿臣不知学业到底如何，便想参加科举做个测试，又怕考官偏袒，所以就化名参加了解试、省试，一路走到了今天。"宋徽宗一听，龙颜大悦。但他并没有被喜悦冲昏头脑，立即下旨：按照有官人不得为状元的惯例，以第二名王昂为状元，嘉王赵楷宜列名第二。

野史为了追求情节曲折，衬托赵楷以实力得状元的伟岸形象，所以编造了化名参加考试的情节。真实情况是：早在三月十一日，朝廷就向天下公开诏告"嘉王楷令赴集英殿试"；二十五日，又公开诏告"嘉王楷依贡士唱名、赐敕、谢恩"。如此大张旗鼓地发布公文，据说是为了让天下人都知道赵楷才学过人，给他竞争皇储增加筹码。无论如何，野史记载的殿试结果是真实的：宋徽宗把状元给了王昂。宋徽宗此举被南宋文人吴曾批评为存在失误——王昂当时已是有官之人，按例不得钦点为状元。而拟定的第三名张焘也是有官人，宋徽宗很可能是难以继续腾挪，将错就错。

大臣自觉避嫌

为了不与寒门争状元，有些大臣甚至还会过于避嫌。

公元1046年（宋仁宗庆历六年），27岁的江西才俊刘敞也因故

"让"出了状元。刘敞博学多才，欧阳修曾称赞他天文地理、经史子集、佛道医数，无所不通，写文章尤其博雅敏捷。在当年的殿试中，刘敞发挥良好，好到吓着了考官王尧臣。王尧臣是本次殿试的编排官，也是刘敞妻子的哥哥。当他拆开那份被考官们确定为第一名的试卷时，发现该考生竟然是自己的妹夫刘敞！王尧臣吓了一跳，赶紧向皇帝汇报：自己作为考官，为了避嫌，不能把妹夫列名第一，请求皇帝将他的名次降后。宋仁宗派人取来刘敞的试卷，认真看完后，指示道："这水平堪当第一，况且确定名次的是初试官、复试官和详定官，编排官无权更改名次，因此不必降低刘敞排名。"王尧臣坚持避嫌，请求降低刘敞名次。见王尧臣如此固执，宋仁宗只得同意把刘敞列为第二名，而将原来第二名的贾黯提为状元。

为保证科举的公正、公平，确保权贵子弟不与寒士争先，大宋朝廷可谓煞费苦心。朝廷在科举的三级考试中设置了相关制度：在解试中增加锁厅试，为官员子弟另设考场；在省试中增加别头试，为官员子弟和有官人另设考场；在殿试中实施"有官人不得为状元"政策，帮助寒门子弟摘取科举的桂冠。难得的是，这些政策总体上落实得比较彻底。

良好的制度设计，成全了部分寒士的人生传奇，更重要的是，它如温暖而明亮的精神火炬，温暖着士子的心，照亮着士子的路，让他们相信奋斗，拥有希望和梦想。而大宋朝廷也因此得到读书人发自内心的拥戴。

万里青云失意深

大宋科举落第士子众生相

几家欢喜几家悲，在殿试的进士等待排名的同时，更多的举子正面对落第后何去何从的抉择。作为选拔性考试，科举在给读书人提供平等晋升通道的同时，保持着残酷而冷漠的一面——允许极少数人成功，绝大多数人只能落第而归。大宋的"特奏名试"制度，理论上能够保证每一位活得够久的举子功成名就；而出于各种原因，有些举子落第后，会做出过激举动。

一次投河未遂事件

公元1112年（宋徽宗政和二年），眉州彭山的两位年轻学子，师骥和杨师锡，再次相聚在京城开封，参加当年的科举考试。这是他们分别10多年后的首次相见，却险些成为人生的最后一面。

二人是发小，在彭山县都有少年才子之称。相比而言，师骥的名声更响，影响更大。据说他母亲怀孕期间曾梦到一匹赤红宝马在身后狂追，之后就生下了师骥。师骥因此自视甚高，要求甚严。后来，师骥到京城太学深造，杨师锡则留在家乡苦读。

这一次，二人参加的并非同一考试：杨师锡从眉州赶到京城，参加的是全国统一的省试；师骥一直住在太学，参加的是太学的单独考试（上舍试）。上舍试的录取率高于省试。

省试榜单公布在前。发榜那天，师骥陪同杨师锡前去看榜。榜单前人山人海，二人挤在人群中，从榜单上 300 多个名字中搜寻"杨师锡"三个字。很快，二人几乎同时在榜单上看到了"杨师锡"。二人对视一眼，同时高声大叫："中了！中了！"

二人挤出人群，走进附近一个小酒楼。杨师锡要了一壶酒，两人各斟一杯。师骥的情绪有些低落，他的考试结果还悬着呢。二人心照不宣，匆匆喝完一壶酒就回到杨师锡住处。刚进房间，就听见同住的举子叫道："杨师锡，你有老乡跳汴河了！"

师骥听得头皮一麻。师骥这几年住在开封，知道每年省试发榜后都会有落榜举子跳河自尽。很多从僻远地区来京城赶考的举子，考完后身上盘缠所剩无几，根本不够他们回家。他们也不想回家。一旦落第，他们既无脸面对家乡父老，也无法在京城谋生，一时想不开，感觉走投无路，就可能自寻短见。每年省试发榜后，正是汴河淘河的时间。每年淘河都会从河里捞出几具泡胀的尸体。

杨师锡看见师骥脸色惨白，安慰道："明天上舍试发榜，依师兄才学，必定高居榜首。明天我陪师兄一起去看榜。"师骥勉强挤出一丝笑容，拱拱手转身告辞。

第二天，杨师锡陪同师骥看榜。上舍试的榜单就简单多了，一共才几十个人名。二人从榜顶看到榜底，再从榜底看到榜顶，就是没有找到"师骥"。三月的汴京天气寒冷，杨师锡看到师骥的额头渗出了汗珠。师骥看起来非常平静，没有任何表示，默默地转身离开。杨师锡隐隐感觉不妙，便悄悄跟在师骥身后。杨师锡看到师骥走向汴河的方向。师骥快到汴河岸边时，杨师锡疾步上前，一把拉住他，笑道："榜单上第一名还未发布呢，师兄怎么就出来散心了，我们赶紧回去再看！"一边说一边强拉着师骥赶回张榜处。隔着人群，二人远远就看到榜单顶端新贴上了一个名字，赫然就是"师骥"。师骥跑到榜单前，仔细瞅瞅，确定上面的确是自己的名字，这才转过身一把抱住杨师锡，又哭又笑："杨兄救了我一命啊！"

跳汴河自尽，在大宋省试落榜举子中由来已久。

公元1000年（宋真宗咸平三年），温仲舒任开封府知府，遇到过一桩落第举子夫妻双双投河的事件。那天是省试发榜之日，一大早某举子就出门去查看榜单。过了一阵，女人见丈夫还未回家，便去寻他。出门不久，听说她父母也来到开封，就租了一辆驴车先去看父母。到东门，一个醉汉拦住她百般纠缠调戏。女人大骂醉汉，遭到殴打。驴车车主害怕惹上官司，趁乱溜走。女人告到开封府，府吏发现没有人证，又见醉汉脸上有被挠的指痕，便将那女人和醉汉二人各打了几板。受此羞辱，女人也不去接父母，一路痛哭着跑回家中，正看到举子因落榜也在家啼泣。夫妻二人对哭一阵。举子带着妻子到开封府鸣鼓申冤，府吏根本不予理睬。丈夫落第，妻子受辱，二人受不了双重打击，跑到汴水双双投河自尽。温仲舒接到报告深感震惊。他记得，开国皇帝宋太祖赵匡胤为了避免落第士子铤而走险变成黄巢，曾特别规定，凡经15次省试而未中者都赐殿试资格（即特奏名试，也叫恩科）。后来，宋太宗又将特奏名试的资格要求降为参加10次省试。温仲舒心想，这一措施需要进一步落实。他将情况上报给宋真宗。真宗听说后，头一下子就大了——今年参加特奏名试的就有900多人，也只能让他们全都通过殿试了。

但落第士子投河自杀的情况并未断绝。直到公元1057年（嘉祐二年），宋仁宗还在诏书中说："远方寒士，殿试下第，贫不能归，多至失所，有赴河而死者……自此殿试不黜落。"从此之后，通过了省试的举子再参加殿试时只是重新排名，不再被黜落（有反动言论者除外）。

白首换得功名归

举子们只要肯参加特奏名试，熬到七八十岁，基本都能获得功名。

福州人陈修就是这么熬出头的。陈修当年参加福州解试，有一道赋题叫"四海想中兴之美赋"。陈修文章中有两句"葱岭金堤，不日复广轮之土；泰山玉牒，何时清封禅之尘"，表达了驱逐金人、恢复故土的豪情壮志。宋高宗读到这两句时非常感动，亲笔抄到纸上贴在墙头，想着有机会要重用这青年才俊。公元1138年，陈修参加殿试；金銮殿唱名时宋高宗听到陈修的名字，想起他那篇赋，不觉眼中含泪。随着陈修应声出列，宋高宗看到一个满头白发的老人，大为惊奇："爱卿就是陈修？今年高寿？"陈修回答："臣已经73岁了。"宋高宗立即明白，这是特奏名试的获益者。于是又问："爱卿有几个儿子？"陈修答："臣尚未娶妻。"为了读书应试，逾70高龄还没结婚，这些读书人真够可怜。宋高宗当场下旨：从后宫中挑选一位30岁的宫女赐配陈修，并特予优厚嫁妆。金榜题名后，紧接着就是洞房花烛夜，陈修一夜之间就达到了人生的双重巅峰，一切都拜特奏名试所赐。这当然不是个案。

福建人韩南老也是在73岁那年通过恩科获取进士身份的。发榜当天，就有媒人找到韩南老，要给他提亲。韩南老哈哈一笑，回赠媒人一首诗："读尽文书一百担，老来方得一青衫。媒人却问余年纪，四十年前三十三。"在韩南老看来，30 多岁还可以考虑当回新郎官，可那已是 40 年前的事了，如今一把老骨头，娶了新娘又有何用？

比起龚明之，韩南老显得过于悲观了——老骨头同样是可以有所作为的。龚明之是苏州文人，82 岁那年才通过特奏名试取得进士身份。按照规定，这岁数早就退休了，但龚明之还想为朝廷发挥余热。在朝为官的苏州同乡集体保举推荐，请求朝廷授给他监潭州南岳庙的职务。龚明之在这一职位上兢兢业业地干了 6 年，实在体力不支，便向朝廷请示退休，同时请求退休前再给提拔一级。宰相看到请示，回复道：此事没有先例，不好操作。苏州同乡又站出来挺他：龚明之特别孝顺，其祖母病重，他向上苍请求减去自己 5 年寿命移交给祖母，祖母果然又活了 5 年。既然他的孝心能感动上苍，肯定也能感动皇帝。宰相于是把龚明之的请求上报给皇帝，果然获得批准。龚明之于 88 岁高龄获得提拔。此后，老龚回到家乡，盖起别墅，又优哉游哉地活了 4 年才撒手归西。

这些老骨头的经历充分证明：只要不轻言放弃，落第之后继续坚持参加科举，总有一天会迎来一个灿烂前程。

青年士子多血性

特奏名试的制度设计看起来很美，对朝廷和士子是一个双赢的举措——读书人可以安心科举而不必去当王仙芝、黄巢，读书人的前程也有了保障，国家从此安定了。问题是，顺应这个制度所要花费的时间成本过于高昂。宋太祖发布 15 次省试未中赐殿试资格的诏令是在公元 970 年，大宋建国不久，省试制度尚未定型，有时是每年一次，有时几年一次；以每年一次计，参加 15 次省试需 15 年，尚能承受。到宋真宗时，只需参加 10 次省试便可获得特奏名试资格，但那时的省试已确定为 3 年开考一次，要获得这一资格就要熬上 30 年！参加省试的前提是先要通过解试，以 30 岁通过解试计算，要靠特奏名试换取功名就得等到 60 岁了，又有多少人有这种耐心呢？何况，年轻人大多血气方刚，谁甘心承认自己落第是因为能力不够？于是，落第的举子便有各种表现。

有攻击考官的。宋太宗时，谢泌主持国子监解试，黜落太多人，导致群情激愤，有人揣着瓦片等在谢泌府外伺机报复。谢泌听说后，从小路跑到史馆躲避了数日。宋太宗得知此事，派出京城群众最不敢惹的台省知杂护行，谢泌这才敢正常上下班。

有诅咒考官的。公元 1002 年（宋真宗咸平五年），南昌人陈恕主持省试。当年参加考试者有 14562 人，陈恕只录取了进士 38 人、诸科 181 人。录取人数太少，已让考生心生不满；陈恕的苛刻，更令人愤怒。按照规定，参加诸科考试者，要考满几场之后才论录取与否，陈恕却在第一场考完后就黜落了大量"不通"的举子。南昌被黜落的举子尤多，导致参加考试的举子的家乡官吏连带遭黜。有人用木头刻了陈恕的头像，涂满猪血，扔到他家院子里；有人用芦苇扎了人形，写上陈恕姓名，立在大街路口，用鞭子抽打。欧阳修主考时，有被黜落的举子写祭文投到他家，也是一例。这是非常恶毒的行为，因为古人相信诅咒真有致死的功效。

有使酒骂座的。公元 1191 年（南宋光宗绍熙二年），陈亮（后来成为著名文学家、思想家）省试落榜，回到家乡后招人同饮，还呼妓佐酒。喝到大醉时，他让一个酒友扮成皇帝，妓女扮成皇后，另一个酒友扮成考官。陈亮指着"皇帝"痛骂："昏君无道，坏了天下！"又斥责"考官"："亮老矣，反为小子所辱！"此事被人告发，宋光宗听闻后大怒。太上皇（宋孝宗）却劝说："秀才醉后胡言乱语，何罪之有？"揭过此事。

当然，结局最惨的是弄丢了脑袋。宋太宗末年，孟州士子张雨光省试落榜，心情郁闷，便走进酒店狂饮。大醉之后，他走上街头公开指斥咒骂朝廷，被斩首。士子无德，被处极刑，比起投河自尽就更为悲哀了。

官场篇

大宋开国皇帝赵匡胤设立"与士大夫治天下"

及"不杀士大夫及言事者"的文官治国策略，

极大激发了文人作为国家主人翁的豪情，

奠定了大宋精神的第二块基石。

赴任几如隔生死

大宋官员上任途中的悲喜事

好不容易考取进士、穿上官服，即将走马上任，一个巨大困难摆在面前——如何跨越那几百、几千里的路程？在飞机、高铁的时代，我们对距离没有太多感知。在所有行程都靠双脚的大宋时代，上任的旅途则是一个内容丰富的大舞台，会上演各种故事。

一个偏激的故事

公元 1068 年（宋神宗熙宁元年），职方郎中胡枚终于熬满了一届任期，按照惯例可以提拔升迁了。这本是一件喜事，没想到竟成了他人生的谢幕演出。

胡枚的本官（也叫寄禄官）是职方郎中，属于掌管军事情报的小官，职位低，收入少。宋代的官职系统很复杂，分本官和职事官。本官只表明官员的级别和工资收入的多少，职事官才表明官员的具体工作，能掌管什么职权。胡枚的职事官是吏部南曹，主要工作是管理人事档案。这份工作能获取灰色收入的空间有限。一般情况下，这类官员任职期满后，大多升任监司一类，由朝廷派往各地督察官员任职和钱粮转运等情况。

　　胡枚在家里等待新的任职通知，希望能够按照惯例被任命为监司。倒不是看中了这类官员权力大、油水多，而是因为它属于京官，不需要带全家搬迁到地方上去。几天后等来了结果：他被任命为兴元府知府。按说，知府为地方一把手，无论权力和收入都要远远高于一般京官，更何况还会有很多合法的灰色收入。但胡枚极不愿意去兴元府任职，原因只有一个：路程实在太远，要爬高山涉大河，他没有足够的费用把全家搬迁过去。兴元府在今天的陕西汉中，离大宋首都开封约有2000里。没有人愿意去太偏远的地方当官，因此宋初就曾做出明确规定：官员在近地任职满一届后，必须到远地任职一届。四川、陕西在所有远地中属于距离最远、官员最不愿意前往的地方。宋真宗初年，有个名叫孟峦的官员被朝廷授职宾州（今广西南宁宾阳）录事参军。宾州虽远，但在距离上还只属于第二个等次。孟峦嫌路程太远不愿赴任，便向朝廷上书诉冤。宋真宗非常生气：当个官还敢挑肥拣瘦？你不想干，后面排队的人多着呢！于是下旨直接撸掉孟峦一切公职，将其流放到更为偏远的海岛上。流放海岛仅次于赐死，这一招让天下官员掂出了自己的分量。自此之后，无论被分配到多么偏远的地方，都没人敢撂挑子不干。

　　胡枚不愿前往兴元府，却也不敢不去，只能寄希望于朝廷能够调整对他的任命。为此，他挨个找宰相们诉苦，却无一例外被驳回了请求。最后，他找到刚刚上任的知枢密院陈升之碰碰运气。没想到他刚说明来意，陈升之便推脱说："我虽然跻身执政大臣行列，也不便给人开后门。"胡枚彻底失望，低头沉默一阵，凄然说道："兴元府路途那么远，我胡家一向清贫，只能把两个女儿卖做奴婢来筹集上任的路费了！"陈升之听后很反感：你这是想通过卖惨逼迫我吗？他不再多话，冷冰冰地端茶送客。胡枚端起茶水，如祭奠死人般默然向地上泼洒了三遍，然后转身告辞。

胡枚的老家在浙江。赴任之前，他得回到老家接上妻儿同行，而且要等前任的官员任满之后才能前去接班。当天傍晚，胡枚心情郁闷地登上了南下回乡的船只。身在船上，胡枚仍然犹疑不定：到底要不要回家，要不要前去就职？他不敢想象此次前往兴元府将会遇到怎样的艰难。到陕西这类最偏远的地方任职，朝廷将额外给予两个月的赶路时间，赴任时限可以达到半年之久。按理，时间充裕，乘船走水路是最为舒适的。但宋代官船数量少，只有高官才能享受免费乘坐的待遇。租船需要一笔巨大的费用，不是胡枚这类穷官可以承受的。难道真要卖掉女儿筹集路费吗？想到这些，胡枚的心一阵颤抖。他拿起笔，信手在船窗上写下两句："西梁万里何时到？争似怀沙入九泉！"然后他纵身一跃，投入汴河。

消息传来，朝廷非常震惊，起初以为是他家中仆人图财害命。陈升之得信后，联想到胡枚卖女为婢的言辞和洒茶三圈的举动，又听到他留下的诗句，断定胡枚是自杀身亡。家里太穷、任职太远，两个因素叠加最终导致了胡枚的悲剧。

宋代官员福利优厚，远远超过其他朝代，但在低级官员中，尤其对需要养活较多家庭成员的初入官场者来说，贫穷也是一种普遍现象。穷官赴近任并不可怕。当年，李若谷从开封到130公里外的长社县任职，自己牵条毛驴驮着夫人，韩亿帮忙挑着行李，步行四五天也就到了。富官赴远任也还可以忍受。后来官拜枢密使的章楶，出身官宦世家，其叔父是仁宗朝的宰相章得象。20岁左右时，章楶因叔父关系谋到了四川某地的官职。章楶家在福建南平，前往四川的路程之远远远超过了胡枚。章粢简单地做了些准备，带上几位仆人，购买了两头毛驴，就向四川出发了。一路上，仆人挑着担子，他抱着年幼的女儿乘坐一头毛驴，妻子乘坐另一头毛驴跟在后面。就这样，他们一家人行走了 4000 里。没有足够的路费，章粢一家人无论如何不可能安全到达四川。

胡枚尚未上路就匆匆结束了自己的生命。假设一下，如果他不那么偏激，而是迎着困难走向自己的新岗位，是否能够安全到达？

一个洒脱的故事

胡枚死后 10 多年，张舜民踏上了就职之路。理论上说，张舜民的道路应该坎坷——他是以贬官的身份前去任职的。

张舜民是北宋中期的著名诗人，作为苏轼的朋友，其诗词风格与苏轼接近，他有些随手题到墙上的诗词常被人误以为是苏轼的作品。他被贬的原因也与苏轼一样，都是祸从诗出。公元 1081 年（宋神宗元丰四年），大宋朝廷派环庆路都总管高遵裕率兵讨伐西夏，夺回灵州。张舜民是高遵裕手下负责管理机密情报的官员，对这次出兵，他是站在反对派一边的。反对派认为，此次战争将会付出巨大牺牲，却不会有任何战果。不幸的是，战争结果完全应验了反对派的预测。张舜民在诗歌中对这次战争进行了辛辣的嘲讽："青铜峡里韦州路，十去从军九不回。白骨似沙沙似雪，将军莫上望乡台。"本次战争由高遵裕任前线指挥，但总决策却是神宗。有些官僚迅速嗅到诗中的味道，意识到它讽刺的矛头指向。张舜民于是被送到御史台审查。

经过一番审讯，张舜民虽然洗脱了"里通外国"的嫌疑，活罪却是难免——被贬往郴州做管理酒税征收的小官。

当年四月，张舜民走出御史台监狱，不久便从开封动身前往郴州报到。

按说作为贬官，目的地又是"穷山恶水"之地郴州，张舜民上路之后会长吁短叹、哭哭啼啼的。事实却是：他一路上看看山水、看看美女，玩得不亦乐乎。

张舜民每到一地，当地官员和文化名流都会设宴招待，并与他吟诗唱和。应该说，那个时代的官员还不大会落井下石，甚至三观很正，他们并不把朝廷的褒贬当作评价人物的标准（少数权臣当道的时候除外）。因此，大宋各位耿臣被贬出京城，一路上都会受到当地官员热情接待。当年欧阳修被贬夷陵，将自己赴任路上的经历写成日记《于役志》，被后人笑称为"酒肉账簿"——日记所记的主要内容都是与各地官员一起吃吃喝喝。

到达江宁（今南京市）府，张舜民整整停留了 10 天。除前宰相王安石出面接待，江宁府现任的一把手知府陈绎、二把手通判何寿昌等一干官员都出面为他设宴接风。还有朋友从镇江送别张舜民，一路跟随送到江宁。另有和他一起考中进士的 6 位同年也都从附近赶来相见。接风宴隆重热闹，大家一边吃饭，一边赏景谈诗，饭后则遍游江宁风景名胜。离开江宁的前一天，张舜民又做东设宴，送别从镇江等地赶来的朋友。酒足饭饱之后，大家一起游览清凉寺；直到傍晚，又回到江边接上几个官妓，驶向秦淮河边的赏心亭，准备通宵达旦秉烛夜游。游船快到赏心亭时，忽然听到亭上传来一阵散乱的丝竹声，从乐声中明显感觉到奏乐的人心神不宁。游船靠近一问，果然有事。原来，知府陈绎带着客人游览赏心亭，正要张乐待客，发现只剩下几个官妓，不禁勃然大怒，要治其他官妓私自出游之罪。不经一把手同意，官妓们私自接活，其罪可大可小。陈绎一转身，看到张舜民带着歌妓赶来赏心亭，一下子又转怒为喜。陈绎笑着提议，张舜民现场作词一首，就可免治官妓之罪。张舜民略一沉思，落笔如风，写下著名的《江神子·癸亥陈和叔会于赏心亭》："七朝文物旧江山。水如天，莫凭栏。千古斜阳，无处问长安。更隔秦淮闻旧曲，秋已半，夜将阑。　　争教潘鬓不生斑。敛芳颜，抹么弦。须记琵琶，子细说因缘。待得鸾胶肠已断，重别日，是何年。"词中那淡淡的哀愁，与其说是来自贬谪的羁旅，倒不如说来自与官妓们一逢即别的离情。

离开江宁继续前行，张舜民一路赏景写诗，作文题字，来到黄州（今湖北黄冈）。此时，贬谪黄州三年的苏轼已经建好了东坡雪堂——那座最寒素的建筑已然成为大宋文人心中的圣殿。张舜民迫不及待地前往瞻仰，苏轼就在雪堂里设宴招待张舜民。次日，苏轼陪同张舜民顺长江而上前往武昌县游玩，武昌县全体官员陪同游览。第三天，武昌县令设家宴招待苏轼和张舜民，饭后去武昌县公园射箭为乐。第四天，苏轼继续陪同张舜民登上黄鹤楼，远眺鹦鹉洲。在江湖之远处，两位被贬官员谈笑风生，全无忧谗畏讥的感叹。

在风花雪月和友情的包围中，张舜民慢悠悠走完了他的被贬赴任官之旅，似乎没有一丝被贬的愁苦和赶路的艰辛。

一个平常的故事

胡枚的故事太偏激，张舜民的故事太浪漫，正常情况下大宋官员是如何走向新岗位的？范成大的行程日记有详细记载。

公元 1172 年（南宋孝宗乾道八年），范成大由中书舍人出任静州府（今广西桂林）知府。这是一次正常的职务调动。

中书舍人负责执掌诏诰，参与政令决策，是正三品高官、皇帝身边的近臣，有"文士之极任，朝廷之盛选"的美称。作为朝廷显耀官员，范成大赴任行程之中既有许多乐趣，也有各种不便。

十二月七日，送范成大上任的大船停泊在苏州盘门里河边上的姑苏馆外。家人忙着向船上搬运行李，范成大则忙着与当地的官员、朋友辞行。整整 7 天之后，其家人和送行的亲戚才正式登船，启航南行。第二天到达吴江，范成大下船与当地官员和文化名流饮酒谈天。第四天船行到湖州，湖州知州设宴招待，酒足饭饱后一帮人又乘兴前往北山石林游玩，直到晚上八九点才下山回船。再 3 天之后，到达德清县，在此停留一天，拜会县内的现任官员和从朝廷退休回来的高官，大家一起到城外三里处游山玩水。

就这样，一路伴随着笑声和酒香，范成大轻松惬意地走在上任的途中。直到第十天，出现了一场意外。当晚，船只停泊在余杭县，全家人住进余杭驿所。半夜时分，范成大的乳母突然呼吸困难，气若游丝。当初出发时乳母就有些气喘。10 天的行程和严寒的天气，使得她再也无法坚持，终于病倒在床。范成大一时乱了手脚。他们在余杭停留了 4 天，一面寻医问症，一面商议接下来的行程。乳母显然无法继续前行，否则将会加重她的病情；也不能丢下不管，那样更会于心不安。左右为难之际，范成大的妹妹恰好陪丈夫来杭州上任。她与乳母的感情同样非常深厚。范成大决定，暂时把乳母交给妹妹照顾，自己继续前行。看着奄奄一息的乳母，不知道一别之后此生能否再次见面，一种生离死别的悲痛涌上了范成大的心间。

送别乳母的第二天，也是正式启程以来的第十五天，范成大一行改由陆路乘轿前行。一路跟随至此的亲朋好友无法继续送行，大家只能就此告别。一次上任的行程，亲朋们竟然可以伴随送行15天，大宋时代的重亲情和慢生活实在令人心生向往。但那个时代离别所带来的悲伤也是我们无法想象的。临别之际，有人伤心地说："您此次远赴岭外，今后要得到一点音信就难了。"几个侄子泪流满面："您去那边，恐怕会染上瘴毒，不知道那边有没有抗瘴药？"他们没有说出来的担忧是，不知道范成大此去是否能够活着回来。在那个交通困难、通讯不便、缺医少药的时代，任何一次远行都可能是一去不归。范成大忍住悲伤，顶着风雪，继续前行。当晚，范成大一行没有找到酒店，只能住在一座废弃的破庙里。那时候的远行就是如此，常常不知道下一步会遇到什么意外。

接下来，范成大的行程又恢复了常态。大部分时间乘船，偶尔上岸。遇到景点，就停下来登临观光；到达城市，就拜访官员和亲旧。有几次风雪太猛，只能停船避险；经过鄱阳湖盗匪横行的区域，有人说前方有湖盗的船只出没，就赶紧让士卒点燃船边的芦苇，摆出人多势众的样子。其间，因为发烧咽喉痛，被迫停船两天，住在当地寻医问药。历经了种种酸甜苦辣，范成大终于在次年三月十日抵达桂林。

范成大一生到过多地任职，此次行程是他众多赴职经历中非常普通的一次，他此行的日记却难得地展现了大宋官员赴任路上的各种经历：既有寻亲访友、观光探胜、吟诗作文的欢乐，也有疾病突发、居无定所、匪盗出没的风险。

如果这段行程换作胡枚来走，那些优雅的部分恐怕全部与他无关。作为一个低级官员，沿途未必有人为他设宴接风，他也没有多余的盘缠用于观赏风景。那些风险，胡枚不可能都幸运地躲过，而每一样风险的降临都可能让他无法承受。

行走在几千里的上任路上，大宋官员的困苦与快乐，只有他们自己才有切身体会。

大宋文臣的铮铮耿骨

"投我以木桃，报之以琼瑶。"大宋朝廷以最公平的科举考试把文人们吸纳进朝廷，又以最坦诚的态度与士大夫共治天下，文人士大夫们就会以最耿直、最忠贞的行动回报朝廷。为了朝廷利益，文臣们敢于直怼皇帝，善于直怼皇帝，能够怼得皇帝服气。这是大宋王朝文臣们特有的风采。

公元 980 年（宋太宗太平兴国五年），年仅 19 岁的寇准进士及第，被授予大理评事、巴东县知县。到任不久，寇准作诗《书怀寄唐工部》给顶头上司归州知州唐谓，其中四句为："不才曾忝吾君选，紫殿科名志已酬。孤立敢言逾素分，高吟深愧预清流。"为了报答君王知遇之恩，为了无愧于清流的名声，他愿意以"孤立"的姿态超越职分向朝廷进言。他是这么说的，也是这么做的。但说"孤立"未免悲观：在大宋，敢言的文臣绝不孤立，各位皇帝的朝堂上都有一批敢于把帝王怼到无言的直臣。

猛怼皇帝的群臣

赵普是大宋数一数二的开国功臣。他策划陈桥兵变,让赵匡胤黄袍加身当上了皇帝;又策划平定了李筠、李重进叛乱,基本稳住了大宋北方形势;接着谋划杯酒释兵权,解决了内部武夫哗变的潜在危机;又与皇帝商议征讨周边各国的方略,以使大宋立于不败之地。

赵普与赵匡胤在大宋建国前就亲如兄弟,赵匡胤的老爹病危时是由赵普精心照料的。大宋建国后,二人私交依然深厚,赵匡胤身为皇帝,当面依旧称赵普夫人为"嫂子"。

功高震主,越是功高的开国臣子越要有伴君如伴虎的心态。历史上,开国皇帝坐稳江山之后总要上演诛杀功臣的传统戏码。但赵普敢于顶撞开国皇帝赵匡胤。

公元 964 年(宋太祖乾德二年),也就是大宋建国的第五个年头,赵匡胤决定让赵普当宰相。以赵普的功劳和威望,开国之初就出任宰相也完全够格。但赵匡胤为了稳定人心,又对功臣有所顾忌,让后周时期的宰相范质等继续留任了四年;发现赵普绝对忠诚可靠,才罢免了前朝留下来的正副宰相,把赵普推上宰相的位子。按说,赵普这时候应该对皇帝感激涕零,但他没有表达谢意,反而顶撞皇帝。事情是这样的:当时赵匡胤已让人拟好了赵普的任命诏书,准备对外发布,却遇到了一个难题。正式诏书除了要加盖皇帝的御印,还必须有宰相的签字,否则不具备合法性。正好正副宰相都被罢免,没人签字。赵匡胤找来赵普商议,并亲切地提议道,他愿意代替宰相签字。赵匡胤以为,为帮助赵普上位,他都降低身份干宰相的活儿了,赵普应该非常感激。没想到,赵普丝毫不给他面子,一脸严肃地拒绝道:"这是有关部门的职责，不是帝王分内的事。"意思是：你虽是皇帝，也不可越职侵权。赵匡胤当场脸红心堵，无计可施。最后，这份任命诏书由挂了宰相名号的皇弟赵匡义签字才得以发布。

赵普顶撞皇帝的态度一贯坚决。有一次，赵普向赵匡胤推荐提拔某位官员，宋太祖一听名字就不乐意，予以拒绝。第二天，赵普再次上表推荐这名官员，赵匡胤仍然拒不同意。第三天，赵普又将推荐奏章送到赵匡胤御案上。赵匡胤勃然大怒：欺负我耐心好是吧？他一把撕碎奏章，甩到地上。赵普不急不躁，俯身捡起奏章带回家。几天后，赵普粘贴好被撕碎的奏章，第四次呈送御览。赵匡胤看着伤痕累累的奏章，摇头苦笑：这人比我犟啊！只得同意提拔该名官员。

赵普敢于顶撞皇帝，并不是一时头脑发热，而是他坚持一种理念。有位官员因为立功而理应升迁，但赵匡胤讨厌此人，坚决不予提拔。赵普坚持论功行赏。赵匡胤大怒道："朕就不给他升官，你奈我何？"赵普轻描淡写地答道："刑法用来惩戒恶行，奖赏用来酬谢功勋。刑赏是天下的刑赏，不是陛下个人的刑赏，您怎能以个人的喜怒而专断此事？"这番言论让赵匡胤更为恼火，他站起身来，拂袖而去。赵普不动声色地跟在皇帝身后。赵匡胤头也不回走进了内宫，赵普就等在宫门外。过了很久，怒气渐消的赵匡胤听说赵普仍等在门外，想到赵普曾经对他说过"天下道理最大"，又一次同意了赵普的请求。

宰相赵普勇于硬怼皇帝，为官场树立了一面大旗，此后一代代都有怼到皇帝无语的耿臣——这也成为大宋官场的鲜明特色。

太宗朝的寇准更是一个敢于跟皇帝动手的官员。一次，寇准向宋太宗汇报工作。当时寇准年仅29岁，官职为虞部郎中、枢密直学士，级别只有从五品，但职位比较重要，可以讨论军国大事。寇准天性一根筋，又年轻气盛，他汇报的内容和方式都让皇帝很不开心。宋太宗听到一半就猛地站起身来，一言不发，满脸怒容地要回内宫。寇准的工作汇报还没完呢，怎肯放皇帝离去？他一把拉住龙袍的一角，硬生生拽住了皇帝。宋太宗尽管怒气冲天，却也无可奈何，只得重新坐下听完工作汇报。

宋真宗时，寇准官拜宰相，火暴脾气依然。公元1004年（宋真宗景德元年）秋，辽国大举南侵，抵达离京城开封仅140公里的澶州。很多大臣，还有宋真宗，都想迁都逃跑。只有寇准竭力要求皇帝亲赴前线鼓励士气。在寇准的坚持下，宋真宗勉强赶赴前线。澶州城横跨黄河为南北二城，宋军正在北城抵抗辽军。宋真宗到达南城，准备跨越黄河北行时又犹豫了。寇准一面请求宋真宗过河，一面暗中叮嘱卫士直接驱赶皇帝的车辇北行。到达浮桥上面，御辇再次逗留不前。寇准不再多话，直接指挥人员拿起棒槌敲打辇夫。这无异于直接向皇帝"动手"了。宋真宗终于赶到北城慰问宋军。皇帝御驾亲征极大鼓舞了宋军的士气，宋军取得澶州之战的胜利。但这也为寇准日后被贬留下了伏笔。

宋仁宗时期的包拯是历史上有名的"愣头青"。仁宗想提拔张贵妃的伯父张尧佐，受到群臣极力反对，其中包拯态度最为激烈。他当着群臣与皇帝大声争执，甚至喷了皇帝一脸唾沫，最终宋仁宗妥协。

宋神宗是整个中国史上少有的意志坚定的皇帝，他也会被臣子怼到无话可说。有一次兵败陕西，宋神宗大怒之下亲笔批示，要立斩输送粮草不力的某官员。第二天，神宗问宰相蔡确："某人斩了吗？"蔡确答："臣以为杀此人不妥。"宋神宗问："为何？"蔡确解释："开国以来还没有皇帝杀士人，我等不想由陛下破了例。"宋神宗思考一会儿，妥协道："那就刺配远恶之地。"副宰相章惇又来反对："这样还不如杀了他。"宋神宗问："何故？"章惇说："士可杀，不可辱！"宋神宗大怒："我当皇帝，快意事更做不得一件！"章惇直接怼道："如此快意事，不做得也好！"宋神宗哑口无言。最后，该名官员被发配边远之地，但免去了脸上刺字。

死磕帝王的事件

再说说宋仁宗因提拔张尧佐遭到群臣长期围怼这件事。

张尧佐堂弟的女儿张氏是仁宗的嫔妃。起初张尧佐只在地方上担任推官、知县等低级官员。随着张氏从才人、修媛上升为贵妃，张尧佐也扶摇直上，被提拔为开封府的一把手，又迅速升任为三司使。三司使掌管国家财政，其地位仅次于二府首脑（宰相和枢密使）。按照这个趋势，下一步他将很快升任宰相。为阻止外戚担任宰相，朝廷众臣展开了行动。

当初张尧佐升任三司使时，就有大臣直白地向宋仁宗提出反对意见：张尧佐就靠后宫裙带关系，又没什么本事，不能担当如此重任。张尧佐在三司使的位置上坐了将近一年，其间，谏院一把手包拯等不停地表示反对。他们提出，三司使离二府只有一步之遥，历史无数次证明，外戚一旦掌握权柄，国家就有大患。后来宋仁宗只好罢免张尧佐的三司使职务，还公开下诏宣布"皇后、贵妃的亲戚不得担任二府职务"，让群臣们彻底放心。同时，为了安慰张尧佐，更主要是安定后宫，宋仁宗改授张尧佐为宣徽南院使、淮康节度使、景灵宫使、群牧制置使。

丢掉一个三司使，换得四个"使"，看起来张尧佐是赚大了；事实上，新授的四个"使"是象征意义的虚衔，没有任何实权。一句话，宋仁宗只想多出几份工资换取张尧佐心甘情愿地交还三司使职位。对任何一方，这都应该是一个合算的交易。

但大臣们仍然不依不饶。御史台一把手王举正发难："张尧佐仅靠裙带关系爬到高位，遭到天下人非议；现在陛下罢免了他的三司使，却又给他四个'使'，这种优宠实在太过分了。您不该拿天下公器赏赐庸常之才，这会使天下人寒心！"

宋仁宗看到王举正的奏章，彻底懵了。王举正此前做过副宰相，一向唯唯诺诺，是一个毫无主张和建树的老好人，曾被欧阳修等弹劾为"尸位素餐"，不得不自己辞职。此前宋仁宗预感到授予张尧佐新职务会遭到台谏官员们阻挠，便提前把王举正安排为御史中丞，让他带领大家按上头的话办事。没想到这家伙一到御史台就像吃了火药，第一个跳出来和皇帝对着干。

宋仁宗只剩一个办法——对王举正的奏章不予答复。王举正等了4天，决定不再给皇帝留面子。他带领御史及谏官一帮人冲到御座前大声辩论，又在走廊拦住宰相文彦博，骂他只知道溜须拍马。

泥人也有三分气，何况宋仁宗还是皇帝！第二天，他委曲且愤怒地下诏："你们要我罢免张尧佐的三司使，我已照做了；我只不过给他几个虚衔，你们就大闹朝堂！本该按例把你们都给免了，现在只给你们一个诫勉谈话；以后若要在殿上集体进谏，须得先经宰相批准！"

张尧佐眼看事情闹大了，便主动辞去宣徽使、景灵宫使。一场巨大的风波眼看就这么解决了，但一年后又风云突起。

张贵妃一直念念不忘要给娘家人长脸。第二年八月的一天黎明，宋仁宗要去上朝，张贵妃送到后宫门口，抚着他的后背说："官家，今日不要忘了宣徽使。"宋仁宗点点头。在朝堂上，等百官参拜完毕，宋仁宗开口要再次任命张尧佐为宣徽使，遭到包拯的强烈反对。包拯直接跑到皇帝御座前，"反复数百言，音吐愤激，唾溅帝面"。宋仁宗逃回后宫，一面举起衣袖擦拭脸上的唾液，一面埋怨张贵妃说："你只管要宣徽使，怎么就不知道朝廷上还有个包拯呢？"

宋仁宗又提出任命张尧佐为宣徽南院使，判河阳府。也就是说，张尧佐挂了个宣徽南院使的虚衔，要去河阳府上班，实际上是下放到地方。大臣们可不好骗。王举正表示强烈反对，上书皇帝："您如果一定要滥赏张尧佐，请立即罢免我，以惩戒不识忌讳的愚直之人。"宋仁宗再次对王举正的奏章不理不睬。另一位御史唐介比王举正更犟，他在大殿上不停地跟宋仁宗争论，让宋仁宗无比尴尬，只好推脱说："任命张尧佐的是宰相，不是我！"这句话把战火引到宰相文彦博身上。唐介鼓动全体御史去中书省质问宰相，宋仁宗不准；唐介以辞职相要挟，宋仁宗同样不批。唐介一不做二不休，对文彦博发动弹劾。他挖出文彦博在益州做知州时曾送张贵妃一卷蜀锦的往事，指责宰相阴结贵妃、交通内宫，现在又拍张尧佐马屁，是"挟邪为党"。这是非常严重的指责：宰相勾结内宫，很可能要以此架空皇帝，专权独断。同时，张贵妃也被唐介拉进了这波浑水。

宋仁宗还没读完唐介的奏章，就气得脸气铁青，一把将奏章扔到地上，宣称要将唐介贬到偏远之地。唐介却无动于衷，他捡起奏章高声读完，还不忘回怼宋仁宗一句："臣做忠直之事，死都不怕，还怕贬官吗？"

　　宋仁宗气得手脚发抖，派人把执政大臣都喊来，当众说道："唐介说文彦博阴结张贵妃！文彦博你自省一下，如果确有此事，立即当众检讨。"文彦博一句话也不敢多说，只一个劲儿地说"臣有罪，臣有罪"。

　　眼看大殿上君臣僵持不下，气氛极其紧张，有位枢密副使出来打圆场，呵斥唐介立刻离开大殿。唐介毫不理会，反而越说嗓门越大。宋仁宗难以下台，一气之下，宣布把唐介贬为春州（今广东阳春）通判，并让知制诰立即起草贬官文件。第二天，唐介被改判，贬为相对较近的英州（今广东英德）通判；两个月后又改迁为更近的潭州（今湖南长沙）通判，次年就被召回朝廷再任御史。

两位直臣的另一面

　　宋仁宗时代，四川有个屡考不中的读书人，眼看科举无望，就想走捷径，居然帮成都知府谋划造反。他给知府寄去两句诗："把断剑门烧栈阁，成都别是一乾坤。"知府接到反诗吓得面无人色，立即把这个读书人押解到京城，让朝廷发落。没想到宋仁宗看罢反诗却轻松一笑，说道："这老秀才想当官想得走火入魔了，不必当回事，找个偏远地方让他做司户参军吧。"

　　宋仁宗虽然号称是历史上最仁慈的皇帝，但对"造反"如此大度则绝对不仅仅是出于仁慈，更多的是对"秀才造反，十年不成"的信心。大宋立国之初就实行崇文抑武政策，宣布不杀言事文人、与士大夫共治天下，一方面是出于对武夫乱国的提防，另一方面也是出于对文人手中无兵不可能篡权的清醒认识。所以，宋朝历代皇帝对于文官特别能够容忍（对于武官则特别苛刻），这便形成了宋代文人敢于硬怼皇帝的政治氛围。

但这并不表明宋代的耿臣比皇帝更为强势。遇到该低头时，那些耿臣也会把头低到尘埃里。

比如赵普。赵普在宰相的位子上坐得久了，渐渐有些膨胀，私贩木材、侵占土地、包庇贪官等事一件件干了出来。宋太祖忍无可忍，就撤了赵普的宰相职务。突然失去大权，让赵普无所适从，一心想要重新回到权力的中枢。机会在宋太宗继位后终于来临。宋太宗赵匡义（其在赵匡胤登基后改名赵光义，自己继位后改名赵炅。为叙述方便，本书统称赵匡义）是太祖赵匡胤的弟弟。正常情况下，赵匡胤去世后帝位应该传给儿子。因此，很多人质疑宋太宗继位的合法性，甚至编出了"斧声烛影"的故事，说赵匡义趁赵匡胤病重时谋杀了哥哥，篡夺了皇位。宋太宗登基后最迫切的任务，是要证明自己皇位来源的合法性。他也编了一个故事，叫"金匮之盟"。说是当年他们的母亲杜太后在世时，曾经把赵匡胤、赵匡义叫到一起，叮嘱他们，稳定的国家有赖长君，将来赵匡胤要把皇位传给赵匡义才妥当。赵匡胤表示赞同，签署了传位给弟弟的文件，密藏在金匮中。赵匡义的苦恼是：这个故事编得绘声绘色，却没有人证、物证。赵普体会到了新皇帝内心的苦闷，主动向皇帝上书，说当年签订金匮之盟协议时自己就在现场，是杜太后特别指定的见证人。宋太宗大喜：这种能够体察朕心意的人才该重用啊！于是赵普得以重新回到宰相岗位上。

比如寇准。他连拉带赶地把宋真宗拽到澶渊之战的前线，取得胜仗，他个人的声望也达到了顶点。但危机的种子由此埋下。其政敌、副宰相王钦若一直想扳倒他。当初辽军来犯时，王钦若建议宋真宗迁都金陵（赶快逃跑），被寇准一顿呵斥："谁敢教唆皇帝逃跑，就砍谁的头！"王钦若一直咽不下这口气。直到有一天，他看到宋真宗心事重重，就说："您知道赌博要押赌注的吧？当初寇准逼您上前线就是把您当赌注，赢了他升官，输了您丢命，他怎么都没损失，倒是您命悬一线！再说，那个澶渊之盟就是城下之盟啊！"宋真宗本就憋屈，听王钦若分析，看清了寇准的"险恶用心"，于是罢免了寇准的宰相之职，将他赶到边疆陕州任职。随后，为了掩盖澶渊之盟的屈辱并宣扬自己的功业，宋真宗听从王钦若建议，发动了轰轰烈烈的"迎接天书，封禅泰山"运动。对于宋真宗这一装神弄鬼的行为，朝中大臣都心知肚明，寇准尤其感到不屑。然而，在偏僻的陕州寂寞地待了4年之后，寇准最终以十分屈辱的方式向宋真宗低下了高傲的头颅：他在自己的辖区内也"发现"了天书，亲自把天书护送到朝廷。寇准主动加入了政治造假的大军，以此作为重新回到宰相宝座的交换条件。

　　人无完人，赵普和寇准也得向皇权屈服。因为无论拥有多大的言论自由，大宋的官员们终究是在皇权的笼罩下戴着镣铐跳舞。

庆历新政背后的党派之争

官员的忠与奸，有时候并不是黑白分明。他们最初可能都是从朝廷利益出发，为了各自的信念争吵，吵着吵着，渐渐夹杂了私愤，就变成了党争。在当时，党争的双方并不能简单地分出谁忠谁奸。大宋历史上两次著名的改革——庆历新政和王安石变法，都引发了党争。

沧浪亭、岳阳楼、醉翁亭，这三座千古名楼彼此都相隔1000多公里，都是由背负贪官名声的官员所建，于是成为"难兄难弟"。它们以光鲜闪亮的形象，记录着三位创建者个人的屈辱，也记载着大宋官场上第一次党争的无情风云。

"贪官"滕宗谅与岳阳楼

公元1043年（宋仁宗庆历三年）秋到公元1044年春，滕宗谅（字子京）的人生犹如坐上了过山车，从高峰猛然下跌，然后慢慢盘旋回升，接着又跌入了更深的谷底。

数年前，西夏集结大军攻打大宋，大宋连吃败仗，边境形势危急。仁宗康定元年（1040）三月，朝廷紧急抽调53岁的范仲淹担任陕西经略副使，兼任延州知州，全面掌管当地军政大权，领导抗击西夏。经过两年的艰苦战争和不断改革，范仲淹基本稳住了局势。西夏见全线开战已无胜算，便发挥骑兵优势，采取游击战术，继续骚扰大宋边境。部分地区守边压力骤然大增，泾州就是其中之一。

公元1042年（庆历二年），经范仲淹举荐，湖州知州滕宗谅被紧急抽调到泾州任知州。闰九月，西夏军队攻破镇戎军，大宋当地驻军覆没。西夏军队挟此威势直扑泾州。面对敌方大军压境，到任不久的滕宗谅并不惊慌。他一面征集大量平民穿上军服登城惑敌，一面购买大量牛羊摆酒设宴鼓舞士气，同时招募勇士窃取敌方情报，不惜重金团结羌族民众。这一系列措施极大团结和鼓励了各方力量，最终牢牢守住了泾州，有力阻挡了西夏大军的进攻，为稳定整个西北战局做出了重要贡献。

公元1043年初，西北战局扭转，已是强弩之末的西夏转而向大宋求和。八月，朝廷把范仲淹调离前线，召回朝廷担任副宰相，标志着大宋西北边境危机基本解除。

按照惯例，朝廷应该对前方将士论功行赏。刚刚经历过生死大战的滕宗谅长舒了一口气，然而他左等右等，没有等来朝廷的奖励，却在九月等来了贪污16万贯公使钱的罪名！

告发滕宗谅的是驻扎在泾州的陕西四路马步军都部署郑戬和监察御史梁坚。16万贯就是1.6亿文，如此巨额的贪污，是大宋有史以来屈指可数的"大老虎"。宋朝初年，朝廷曾严禁贪赃，几乎每月都有贪官被腰斩。仁宗时期虽然不再对贪污犯处以极刑，但出现如此"大老虎"，宋仁宗极为震怒，下旨将滕宗谅押送到汾州进行异地审讯，一旦查实则严惩不贷。

此时，范仲淹已经升任副宰相。他听说此案后，面见仁宗替滕宗谅辩解。一贯对大臣彬彬有礼的仁宗拍案而起，怒斥范仲淹包庇属下。几天后，范仲淹以书面形式向皇帝汇报了自己的看法，并请求朝廷派人赴泾州调查。前方的查案人员反馈：滕宗谅为掩盖罪行，案发前已经烧掉了相关账本。监察御史梁坚再次历数滕宗谅罪行，要求朝廷将他革职查办。看罢梁坚的奏折，仁宗怒不可遏，当即就要免除滕宗谅所有公职。范仲淹再次以书面形式替滕宗谅辩诬，并表示，如果滕宗谅有罪，自己愿意承担举荐不明的罪责。不久，办案人员查实滕宗谅只是使用了 3000 贯公使钱，所谓的贪污 16 万贯查无实据。

得知这一结果，仁宗的脸色这才由阴转晴，也恢复了理性：在前方打仗、犒赏士兵、招募民工、馈赠羌民、抚恤伤亡、奖励勇士，哪一样不需要巨额花费？想通了这些，仁宗指示办案人员："滕宗谅虽然花钱多了些，但都是为了国家利益，不可加罪！"

滕宗谅刚歇一口气，监察御史们又不依不饶："谁知滕宗谅的 3000 贯钱用到哪儿了？如果不给他一点惩罚，不是鼓励天下官员们都乱花公使钱吗？"仁宗想想：也对啊，毕竟数额不小，御史们的脸面也得照顾一下。那就把滕宗谅降官一级，贬到虢州（今河南灵宝县）任知州吧。

对滕宗谅来说，这是一个可以接受的结果。降官一级，只是象征性的处罚；虢州也还在中原之地，离京城并不算太远。这样说来，皇帝对他并没有太多成见。他立即启程前往虢州任职。

这一贪污案眼看就要尘埃落定，突然又起风波。御史王拱辰认为朝廷对滕宗谅处罚太轻。他拉住宋仁宗的衣角，坚决要求罢免滕宗谅，并以辞去监察御史职务作为要挟。仁宗无奈，再次妥协，把滕宗谅贬到更为偏远的岳州（今湖南岳阳）任知州。

庆历四年（1044）的早春，滕宗谅在料峭的寒风中匆匆赶往岳州。到任第二年，滕宗谅开始修建岳阳楼。又一年之后，范仲淹写下了千古名篇《岳阳楼记》。

"贪官"苏舜钦与沧浪亭

同样是在公元 1044 年（庆历四年），苏舜钦的人生也发了重大转变。苏舜钦本来是诗名响亮、前程远大的青年官员，却因贪污而被革职为一介平民。这起源于一次公款吃喝的腐败案件。

京城开封有个习俗，每年春秋两季都要举办祠神节。在此期间，百姓祭祀各路神仙，政府官员也趁机搞公款吃喝以促进同事间的感情交流。

苏舜钦当时以集贤校理（皇家图书馆官员）的身份主持进奏院的工作。进奏院的主要职责是印刷朝廷的各种政策文件并发行到全国各地政府。这是一个清水衙门，但有两多：一是人员多，编制最多时达到 150 人；二是废旧纸比较多。按照当时的官场习惯，各个部门都会充分挖掘资源充实本部门小金库（公使钱）。比如，军队会定时把马粪卖给农民，得来的钱就充实小金库。进奏院平时卖卖废旧纸（纸在宋代属于珍贵资源），也积存了一些资金。

庆历四年京城秋季祠神节当日，苏舜钦召集进奏院同僚到酒楼聚餐，顺带假公济私邀请一些文友前来，其中包括集贤校理王益柔。由于聚餐人数众多，苏舜钦动用了四五十贯小金库的公使钱，另外他还自掏腰包十贯，其他同事也各自出了份子钱。除了吃吃喝喝，他们还请来几名优伶和官妓陪酒助兴。作为著名诗人和超著名酒鬼（见《拟把疏狂图一醉》），苏舜钦在这种场合下有两件事必做，一是写诗，二是喝醉。没想到，王益柔比苏舜钦表现得更狂更嗨，于半醉之中写下一首《傲歌》，其中两句写道："醉卧北极遣帝扶，周公孔子驱为奴。"要皇帝来扶醉臣，还把圣人周公和孔子当作奴仆，这绝对不是一般的狂，在当时的意识形态下完全称得上反动！

聚餐之前还发生了一个小插曲。由于苏舜钦在文坛上地位崇高（欧阳修曾说："苏舜钦虽然比我小，但在古文运动方面却是我的前辈。"），得知他主持祠神节宴会，很多文坛新人报名，包括中书舍人李定。李定兴冲冲找到苏舜钦，说愿意自费参加宴会。中书舍人是给皇帝拟写文件的官员，他们都有优秀的文笔和大好的前途。李定以为苏舜钦会欣然同意。没想到，"狂人"苏舜钦神色冷淡拒绝道："你还不够资格！"这是当场打脸啊！一句话如定身法咒语，把李定定在原地。清醒过来，李定暗下决心：此仇不报非君子！

对于苏舜钦这样的狂人，抓小辫子很容易。祠神节聚餐的第二天，李定就申诉了苏舜钦几大罪名：一、组织单位员工公款吃喝还趁机宴请私人朋友，属于"监主自盗"；二、非公务活动私自动用官妓，按照宋律，杖八十；三、宴会上有人写反诗，主持人难辞其咎。

李定把收集到的信息通过各种途径在京城官场上散发。专门"风闻"官员各种违法违纪行为的御史很快听到这股来势汹汹的传闻。御史中丞王拱辰联合其他御史，以公款吃喝、召妓宴乐为由对苏舜钦等提出弹劾，指控苏舜钦已经构成"监主自盗"的重罪。

案件很容易就被"查实"了。一两百人参加的大型聚餐，找到一些人证真是易如反掌。苏舜钦受到了非常严厉的处罚——撤销公职，贬为平民，永不录用。参与聚餐的其他 10 多位文化名人同时被贬逐，但都还保住了公职，其中写反诗的王益柔也只是被贬为监复州酒税。

非常奇怪的是，滕宗谅花掉了 3000 贯公使钱，有范仲淹冒死相救，最后只是官降一级；苏舜钦不过动用了 50 贯公使钱，就削职为民，无人出面为他申冤辩白。年仅 38 岁的苏舜钦从此告别了官场。他带着满身伤痛和无限落寞离开了京城，独自向南方流浪。

庆历五年（1045）四月，苏舜钦来到苏州。这座城市的宁静很适合住下来疗伤。他在苏州城南找到一块有山有水的地方，花了 4 万钱买下来，在此筑亭建园——这便是今天游客到苏州必须一游的天下名园沧浪亭。

"贪官"欧阳修与醉翁亭

人在家中坐，祸从天上来。公元 1045 年（庆历五年），欧阳修就经历了飞来横祸。

起初，开封府接到一桩男女作风案，主告是欧阳修的侄子欧阳晟，他状告妻子张氏与仆人私通。张氏在审讯过程中交代，起先是她发现欧阳晟的小妾与仆人有染，小妾为了逃避打骂，就设法把她也拉下水。这本是一桩普通案件，但随着办案人员的追问，张氏突然又交代了新的案情：她还和舅舅欧阳修乱伦，不仅如此，欧阳修还想趁机吞并她娘家的财产。事涉朝廷官员乱伦，又有财产纠纷，这一下案件突然升级。

张氏与欧阳修其实并无血缘关系。欧阳修的亲妹妹嫁给了一户张姓人家，嫁后不久丈夫便去世，欧阳修便把妹妹接回家中居住，连同妹夫前妻的7岁女儿张氏一并带来抚养。这张氏自小便喊欧阳修为舅舅。张氏长大成人，欧阳修便把她嫁给了侄子欧阳晟。

欧阳修乱伦夺财的消息立即传遍了京城，连同欧阳修早年所作的一首词也被人挖出来到处传唱："江南柳，叶小未成阴。人为丝轻那忍折，莺怜枝嫩不堪吟。留取待春深。十四五，闲抱琵琶寻。堂上簸钱堂下走，恁时相见早留心，何况到如今。"大家从这首词中猜测：原来欧阳修很早就对张氏有好感了。

鉴于案件影响太大，开封府已无法独立审判，仁宗命户部判官苏安世、入内供奉官王昭明一并督察审案。苏安世初查发现张氏和欧阳修确实有牵连。而王昭明向他暗示：皇帝相信欧阳修不会与张氏有染，但事情闹得这么大，不得不给天下一个交代，可以在他贪夺财产一事上做些文章。于是审判结果是：欧阳修与张氏有染一事纯属无中生有，但欧阳修以张府财产替妹妹和张氏购置田产时并未明确所有权，有侵吞张氏财产之嫌。

欧阳修怎么也想不明白：张氏只需交代与仆人私通就可以结案，即便自己真的和她有染，她何必再供出另一案件加重自己的罪情？

然而他无法辩解，无法喊冤。当年八月，欧阳修被贬为滁州知州。这一年，欧阳修39岁，正值年富力强，他却突然间觉得自己老了。于是，他自号"醉翁"，在滁州西南琅琊山上建起了醉翁亭。

此事非关"公使钱"

连续绊倒了两位大宋官员的公使钱，到底是个什么鬼？

其实公使钱是宋代官府用于宴请和馈送过往官员的费用。朝廷对地方控制较严，中央官员经常赴地方检查工作；官员调动频繁，常年奔波在路上……这都需要大笔路费开支，由地方政府接待则能极大减轻官员的负担。这只是宋代公使钱最主要的用途，其余还可以广泛使用于犒劳边关将士、接济贫困官员、抚恤贫苦民众、刻印文化书籍等。可以说，地方官府运作的绝大多数方面都可以使用公使钱。

各地各部门每年获得的公使钱数额不一。中央部门中，三司每年 1 万贯，兵部每年 1500 贯，刑部每年 1000 贯；地方政府中，开封府每年 1 万贯，明州（今宁波）每年 2600 贯，杭州每年 7000 贯，扬州每年 5000 贯（其中朝廷拨款 600 贯、地方杂收 1900 贯、卖醋获利 2500 贯）。此外，各地还可以自行酿酒来省下买酒钱。

地方一把手对公使钱的使用权限极大，基本上只要不装进自己腰包，各类花费都是合理的，包括请朋友吃饭、赠送给途经此地的文人等。范仲淹在替滕宗谅辩护时承认，自己就曾花费公使钱赠送过贫困官员、接济过穷困文人、宴请过朋友，如果因此而给滕宗谅定罪，自己也同样有罪。最后仁宗亲口宣告不再追责滕宗谅使用公使钱一事。

那么，为什么滕宗谅和苏舜钦仍然因此而受到处罚？这背后隐藏着一场关于改革的党派斗争，历史学家称之为"庆历党争"。

宋仁宗庆历三年（1043）八月，大宋与西夏战争刚刚结束，朝廷就把范仲淹召回京城，要求他以副宰相的身份主持国家改革大计，史称"庆历新政"。

　　对西夏的战争失利等一系列事由，让宋仁宗认识到大宋潜藏的危机。官僚队伍庞大，财政日益紧张，人民生活困苦，边境形势严峻……要解决这些危机，只有进行改革。

　　庆历新政的核心人物，除了范仲淹，还有枢密副使韩琦、富弼、谏官欧阳修、蔡襄、王素、余靖等，同时取得宰相杜衍的同情，可谓人才济济，上下齐心。从这一点看来，改革派似乎拿到了一手好牌。

　　范仲淹向仁宗呈上《答手诏条陈十事疏》，提出以整顿吏治为中心的十项改革主张，包括：官员要按其政绩好坏分别升降；高官也只能荫补长子，其余子孙年满15岁且必须通过考试才得补官等。

　　新政很快全面实施。我们今天看来，新政明显触犯了贵族官僚集团的既得利益，因而遭到他们的阻挠和报复。但在当时，反对派却认为，动作过大的改革不利于朝局的稳定。反对派一时抓不住范仲淹的小辫子，只能死死揪住他的"队友"滕宗谅和苏舜钦，通过打倒这二人而让范仲淹受到牵连。

　　前宰相吕夷简和前枢密使夏竦隐然成为反对派首脑。

　　吕夷简与范仲淹结仇于公元1035年（宋仁宗景祐二年）的冬天。当时，吕夷简任宰相，手握重权，经常根据个人喜恶升降官员，火速提拔了大批亲信。对此，刚刚担任开封府知府的范仲淹非常不满。他把朝廷新近晋升的官员画成了一幅《百官图》，并在画像旁附加"此人是正常升迁""此人为吕夷简私意提拔"等说明文字。吕夷简知道后暴跳如雷，向宋仁宗控诉范仲淹越职言事、结约朋党、离间君臣，把范仲淹贬到饶州（今江西鄱阳），将替范仲淹叫屈的一帮人，包括欧阳修，全都赶出朝廷，并禁止官员议论此事。苏舜钦上书朝廷："如果不准大臣说真话、实话，我担心朝廷上会出现指鹿为马！"这是暗指吕夷简一手遮天，欺瞒天子。

　　夏竦与"范党"结仇主要由两件事引起。公元 1043 年，屡战屡败并被西夏侮辱性地仅以 3000 文铜钱购买首级的夏竦，突然接到调令，要他回到朝廷担任枢密使。这种任命引起很多官员不满。夏竦回到京城，准备晋见皇帝走马上任。"范党"骨干、谏官余靖劝谏皇帝："夏竦在前线屡次装病辞官，现在听说要升迁，立马风雨兼程赶回来——这种人怎能重用？皇上千万不能见他！"余靖一份接一份向皇帝打报告。结果，夏竦任枢密使仅一个月就被赶出京城。半年之后，朝廷起用范仲淹主持改革，"范党"骨干国子监直讲石介大为兴奋，创作了一首《庆历圣德颂》四言长诗，赞美宋仁宗慧眼识人，点名赞扬范仲淹、杜衍、富弼、韩琦等人，暗指夏竦为"妖魃""大奸"。长诗一出，很快大宋士子几乎人人会背，夏竦大奸大恶的名声传遍天下。（当时的文人认为石介不惧权贵，很有风骨；但在今人看来，他是逞一时口舌之快，把可能团结的力量送进了反对派阵营。）

　　夏竦与改革派誓不两立。他知道，反对改革的人那么多，总会有人站出来收拾范仲淹。有人借滕宗谅贪污案想把事情闹大，结局却令他大失所望。于是，夏竦亲自出马。庆历四年（1044）六月，夏竦指使家中一个擅长书法的女仆，模仿石介笔迹伪造了一封写给富弼的信，内容是改革派官员谋划如何废掉宋仁宗而另立新君。宋仁宗拿到此信后并没有追查，但改革派已深感恐惧。范仲淹立即请求调回边疆任职，随后富弼也请求外放到河北。

　　苏舜钦公款吃喝、监主自盗案就发生在这一年的十一月。范仲淹等已离开了朝廷，但宰相杜衍还在。苏舜钦是杜衍的女婿，狂咬苏舜钦就是打击杜衍。在改革派失势之时，苏舜钦虽然只动用了 50 贯公使钱，却遭到了最无情的清算。

传闻，在苏舜钦被扳倒、10多人受到株连之后，有人向吕夷简邀功："总算为您老人家一网打尽了！"这便是成语"一网打尽"的来由。事实上，苏舜钦案发时吕夷简已经去世。这则传闻也从侧面证明，当时官场上都认为吕夷简是反对派的后台。

庆历五年（1045）二月，范仲淹颁发的一系列改革措施被朝廷废除，庆历新政宣告结束。但夏竦等对改革派的切齿之恨还在，他要痛下杀手。当年八月，他抓住张氏私通仆人案发的机会，派人指使张氏诬陷欧阳修，一举将欧阳修逐出京城。十一月，徐州人孔直温谋反，朝廷抓捕孔直温时从他家中搜出信件，其中有几封石介写来的。此时石介已经去世4个月了。而夏竦抓住这个机会，诬陷石介只是诈死，其实他是被富弼派往辽国借兵协助孔直温谋反。夏竦鼓动宋仁宗派人打开石介的棺材辨别真假。幸亏一帮大臣拼死力谏，才避免了石介死后辱尸。

一切喧嚣的历史注定都要归于沉寂，无论它曾掀起多少惊涛骇浪，无论当事人曾经历了多少荣辱苦乐。但有些东西会长久地矗立在大地上，无声地标注着历史，比如沧浪亭、岳阳楼、醉翁亭。

大宋官场的流血斗争

有直臣就有奸臣，每个朝代都不例外。大宋文人中，敢怒怼皇帝的官员应该是主流，而争权夺利的奸臣也有一部分。有些奸臣甚至逼迫政敌自杀。他们这一小撮人的行为，极大拉低了大宋官场的下线。

"谋杀"寇准未遂

丁谓非常痛恨寇准，恨不得要从肉体上消灭这位政敌。

虽然大宋有不成文的律条规定皇帝不能杀文臣，但并没有禁止大臣自杀。现在丁谓逮到了机会：哼哼，我不动手，让你自行了断，总是可以的吧！

宋真宗乾兴元年（1022）二月。初五那天，宰相丁谓荣封晋国公，达到了人生荣耀的巅峰。半个月后宋真宗驾崩，年仅13岁的宋仁宗即位，由皇太后刘娥垂帘听政。丁谓趁机提出：国家大事由皇太后、皇帝与群臣面议，属于"非大事"的则由宰相班子议好后由宦官雷允恭书面呈送太后签字。雷允恭早已被丁谓收买。如此一来，丁谓基本上独掌了朝政大权——反对者无法面见皇太后，告状信也会被雷允恭直接屏蔽。

独掌大权的丁谓一刻也不愿再等，他要对政敌实施致命打击——迅速以皇帝名义写诏书，把已经被贬为道州司马的寇准进一步贬为雷州司户参军。丁谓备好酒菜，把前往宣诏的宦官们请到家里，边吃饭边端上来一堆白花花的银子。酒足饭饱后，丁谓向宣诏的宦官提出要求：宣诏时一定要面若冰霜、一言不发，不要主动宣读；同时要在身后背上一把惹人注目的长剑，让他从你们的身体语言中揣测皇帝的意图。

看着宦官们离去的背影，丁谓满意地往椅背上一靠。他仿佛看到了寇准接诏时的情景：宦官一言不发缓缓拔出闪着寒光的长剑，寇准体察到皇帝的旨意——唯有自杀才可以为自己和家族留存一点体面。丁谓信心十足地等待着宦官们带回好消息。

丁谓与寇准的恩怨由来已久。

起初，寇准对丁谓是有赏识提拔之恩的。丁谓也是天才式人物，少年时代就有过目不忘的神通。他曾经向时任长洲（今苏州）县令王禹偁行卷，其文被夸奖为"自唐韩愈、柳宗元之后，二百年始有此作"，其人被盛赞为"今之巨儒"。丁谓26岁时考中进士，同年寇准升任副宰相。寇准发现了丁谓的才干，准备提拔他。但丁谓这人有才无德，擅长无原则地逢迎拍马，声名狼藉。宰相李沆提醒寇准："丁谓这种人品，能让他身居高位吗？"寇准坚定地回答："丁谓这种人才，能够一直被压制在人下吗？"

公元1004年，寇准"逼迫"宋真宗亲赴澶渊前线，丁谓则被任命为邓州、齐州、濮州安抚使，负责河南邓州到山东济南一带的抗辽作战，做出了重大贡献。战后，丁谓被提拔为权三司使，进入了大宋宰执班子。几年后，宋真宗想起澶渊之盟的"丧权辱国"，准备用迎接天书、封禅泰山的方式宣扬自己的文治武功。寇准跟不上皇帝的思路，持反对态度。丁谓则敏锐地揣摩到皇帝的心思。天书是道教特有的道具。丁谓为了显示自己与道教渊源深厚，宣称自己是汉代著名道人丁令威的后代，并不断向皇帝奏称自己在各地发现了仙鹤。有一次，寇准正在喝茶，仰头看见几只乌鸦飞过，转身向身边客人笑道："幸亏这几只鸟没被丁谓看见，否则他又要向皇帝汇报发现仙鹤了。"宋真宗决定封禅泰山前，担心国库存款不足，还有些犹豫。掌管国家财政的丁谓则坚定地表示国家财力非常充足。从此之后，寇准与丁谓渐行渐远。直到在一次公宴上，丁谓为寇准擦净胡须上的菜汤，遭到寇准公开嘲笑，仇恨的种子就此在丁谓的心中深深埋下。

　　宋真宗在位后期，大约是患了脑中风，长时期处于混沌状态，大宋的实际权力落到了皇后刘娥手中。丁谓发挥善于钻营的特长，很快与刘娥结成联盟。而寇准早先已与刘娥结下梁子：当初，刘娥以卖唱女子的身份进入后宫，真宗要封她为皇后，寇准极力反对。不久，刘娥前夫的族人在老家横行霸道、抢人财产，被人告发到京城。真宗听说事关刘娥的前夫，想不了了之，寇准却一定要严格执法。此事深深地触怒了刘娥。刘、丁结盟后，以寇准阴谋扶立太子监国为由，将其贬到偏远的安州、道州。（见《兴来呼酒劝同僚》）

　　寇准一生见惯风波，无论是高升还是远贬，所到之处都以饮酒为乐。到达道州（今湖南永州）后，寇准依然天天畅饮。一天，寇准正在宴请客人。酒酣耳热之际，忽然听到外面吵吵闹闹，有人高喊"圣旨到"。州吏听到喧哗赶紧跑到门口探听究竟。大门口，几匹高头大马上果然端坐着朝廷太监。州吏连忙参拜，太监一脸漠然，视而不见。州吏低声下气地询问钦差大人所来何事，太监依然一言不发。见事不妙，州吏赶紧跑回酒桌前向寇准汇报，并低声提醒他——有位太监身后还背着一把宝剑。一时间，在座的客人都惶恐不安。寇准神色自若地一边饮酒，一边吩咐州吏："前去报告钦差，请先颁布诏书。如果朝廷赐寇准一死，寇准毫无怨言。"太监只得当场宣读诏书。寇准听后，面带微笑向手下借来一套绿色的低级官服，不慌不忙地穿上，恭敬地接过诏书。然后，寇准把太监们晾到一旁，重回酒桌边，继续喝酒聊天，直到夕阳西下。

第二天，寇准从容南迁。他一路行走，一路谈笑纵饮。

李迪险些自杀

相比针对寇准的阴谋最后无惊无险，丁谓诱使李迪自杀的阴谋差点得逞。李迪与丁谓之间的矛盾起源于寇准。

那是在宋真宗天禧四年（1020）六月，寇准酒后泄露了扶立太子监国的机密，丁谓与刘娥于是合谋罢免寇准。时任副宰相的李迪为寇准辩护："太子在边关则可安抚军队，在朝廷则可负责代理国事，这是古来的传统，有何不可？"但这仍然阻止不了刘、丁，寇准被迫罢相。

曾经参与扶持太子监国的大宦官周怀政害怕寇准倒台后刘、丁一党要清算自己，干脆一不做二不休，要扶立太子登基，同时杀掉丁谓，再迎寇准为相。事发之后，宋真宗震怒：这是要阴谋篡夺皇位啊！在诛杀周怀政一党时，宋真宗准备将太子一起清算。这时，李迪又劝谏道："皇上您有几个儿子？"幸亏宋真宗在那一刻头脑清醒过来：是啊，朕就这一个儿子，杀了他，皇位传给谁？最终只杀了周怀政。刘、丁二人不肯就此放过寇准，又借其他事情请宋真宗将寇准贬到地方任职。宋真宗同意把寇准贬到"小州"，丁谓却在拟写诏书时改为"远小州"。在古代，流放是一种严重的惩罚，罪行越重，距离越远。李迪看到诏书，当场大喊："皇上圣旨是把寇准贬到小州，没有那个'远'字！"二人争得脸红脖子粗。有人向宋真宗汇报，无奈宋真宗脑袋又糊涂了，记不清自己当时的旨意。丁谓篡改圣旨成功，寇准被贬到偏远的道州（今湖南永州道县）。

从此，丁谓与李迪的矛盾公开化了。

数月后，丁谓与李迪之间爆发了更为激烈的冲突。当时，丁、李二人都是宰相，丁谓却事事专权，根本不与李迪商量。这一天，丁谓擅自提拔了一批人，李迪的朋友本该提拔却被故意排除在外。看到丁谓的人事调整名单，李迪满腔怒气却又无可奈何。更为可气的是，次日凌晨等待上朝之际，丁谓又临时通知李迪，他要提拔林特为枢密副使。林特是当时有名的奸臣，"五鬼"之一。这样的人竟然要被提拔到枢府！李迪再也无法忍受丁谓的独断专行，他举起手中的笏板，劈头向丁谓抽去。丁谓眼明身快，逃过了打击。李迪就在后面追赶。事发过于突然，旁边的同事一时吓呆了；待到李迪追打丁谓，众人才清醒过来，连忙拦截李迪。

宋代的文臣动武并不少见。北宋末期的徐处仁曾受过宰相吴敏的推荐提拔。公元 1126 年（宋徽宗靖康元年），徐处仁也已官居宰相大位。当时金国军队逼近京城，吴敏主张议和，徐处仁主张抗战。二人上完早朝回去又聊起国事。吴敏坚持认为只有议和才能解决危机，徐处仁听得怒火中烧，随手将毛笔砸向吴敏，正中他面部，从额头经鼻子到嘴唇，砸出一道又粗又黑的墨线。李迪、徐处仁殴打长官，为的还是国事；南宋文臣丁大全对上司动粗，则属于无赖行径。丁大全在理宗朝任监察御史，与时任宰相董槐不和。为了驱逐董槐，在一个风高月黑的夜晚，丁大全雇佣近百人手持木棍绑架董槐。他们先是猛敲董宅大门，等董槐开门察看就将他塞到轿中，抬到大理寺前，恐吓要把他送进监狱。然后，这帮人又把董槐抬到北关门外；一阵狂呼乱叫后四散逃开，把董槐一人扔在深更半夜的城外。丁大全这种进士出身的无赖，后来竟然还被提拔为宰相，只能说南宋的确是腐朽透顶了。

回头再说丁谓。堂堂宰相被人公开追打，他无论如何也吞不下这口恶气。他要李迪以命偿还。

李迪则向宋真宗汇报："我不愿和丁谓这样的奸臣同朝为官，请同时免掉我和他的宰相职务，贬到地方任职吧。"宋真宗刚听人说两位宰相公然发生肢体冲突，觉得大宋的老脸都给丢光了，又听李迪竟然还敢到朝堂上继续聒噪，立即喊道："都免！都贬！都给我赶紧离开京城！"第二天，李迪乖乖地离开京城，到地方任职。丁谓却赖在京城不走。几天后，在刘娥的操作下，丁谓又恢复了宰相职务。

宋真宗乾兴元年（1022）二月，在寇准远贬雷州的同时，郓州知州李迪又被贬为衡州（今湖南衡阳市）团练副使。同样，几位身背长剑的太监也在丁谓的安排下前往郓州宣诏。

有人劝丁谓："得饶人处且饶人。李迪如果死了，天下人该怎么看你？"丁谓轻蔑地一笑："好事书生顶多写一句'天下惜之'而已！"丁谓下定决心要置李迪于死地。

李迪的人缘比寇准要好。宣诏太监还未到达郓州，就有人向李迪通风报信："您得提前做好准备，丁谓这次来势汹汹啊，宣诏太监还带着长剑呢。"李迪一听，眼前立刻浮现出当日追打丁谓的场景。那年，丁谓敢公开篡改圣旨远贬寇准；现在，丁谓在朝中一手遮天，绝对敢假借圣旨赐死自己！与其受那奸贼算计，还不如自杀来得干净。当天晚上，李迪准备好长绳，往脖子上一套，就想离开这污浊的世界。幸亏儿子李柬之发现父亲神色不对，一直暗中观察，才及时解救了李迪。几天后，宣诏太监来到郓州州衙，并不按照程序宣读诏书，而是表情阴沉、一言不发地直视着李迪，同时极有耐心地把玩着宝剑。李迪一看这架势，心里咯噔一下，明白丁谓的确是要消灭自己。接下来几天，宣诏太监仍不宣读诏书，只是坐在州衙门前。遇到前来探望李迪的亲朋好友，太监也不阻挡，盯视对方几眼，记下姓名、官职。如果访客带来食物，则会毫不客气地拦下，扔在门外。李迪和亲朋们整天提心吊胆，毫无办法。李迪的门客邓余按捺不住，他手持利剑冲到太监面前大骂："混账东西！你们想杀李迪取媚丁谓是吧？咱是粗人，不跟你玩阴的，有种你杀了他，看我怎么取你狗命！"太监这才不得不宣读诏书。此后，邓余贴身保卫着李迪，护得他一路周全。

苏轼几乎投水

借助诏书装神弄鬼想整死政敌的，还大有人在。宋神宗时期的御史中丞李定就想以此逼死苏轼。

李定与苏轼结仇，既因公事，也有私事。

于公，李定与苏轼立场不同。宋神宗一朝，最大的政治事件就是变法。朝廷官员分为拥护派和反对派，两派水火不容。李定是王安石的学生，走上仕途后又因拥护王安石变法而得到迅速提拔，属于变法的既得利益者。苏轼是变法的坚定反对派，因此被排挤出朝廷部门，辗转在杭州、密州、徐州、湖州等地任职。

于私，苏轼败坏了李定的名声。李定在被提拔时爆出了一桩丑闻，他曾隐瞒母丧不报。当时，父母去世后官员必须丁忧，即辞官回家守孝三年（实际27个月），孝满之后再回朝任职。守孝三年肯定会影响仕途发展，因此总有人匿丧不报。而隐瞒不报被发现后果很严重：不但会遭受耻笑、身败名裂，还会受到革职的严惩。匿丧不报的丑闻被曝光，李定解释说：母亲仇氏前后嫁过三次，生下自己不久后就又另嫁他人；仇氏不是在自己家中去世的，他并不知道她是自己的亲生母亲。得到王安石等人的偏袒，李定没有被革职，只是被降级处理。而在杭州的苏轼得知此事，禁不住心痒，信笔写了一首讽刺诗。以苏诗的影响力，李定立马千夫所指。苏轼因此成为李定刻骨铭心的仇人。

宋神宗元丰二年（1079）四月，苏轼来到湖州任职。按照程序，官员履新后要向皇帝写谢表，汇报到任后的思想动态。苏轼写给宋神宗的谢表中有这样两句："愚不适时，难以追陪新进；老不生事，或能牧养小民。"正在到处抓反对派辫子的变法派看到这个谢表后欣喜若狂：你苏轼自称难以追陪新进，就是对皇帝提拔变法派新人心生不满，就是谤讪新政，就是对皇帝大不敬！反对派请求宋神宗下诏抓捕苏轼问罪。宋神宗智商并不欠缺，他清楚苏轼这两句牢骚话不足以治罪。奈何这个书呆子政治觉悟极低，却喜欢妄议大政，还有粉丝千万，他的很多言论都严重阻碍了变法的进程。于是，宋神宗同意将苏轼抓回京城审问。抓人的任务落到专门审查官员罪行的御史台，而此时御史台的一把手正是李定。

李定接到抓捕苏轼的任务，激动得双手颤抖。报仇的机会终于来了！兴奋之余，李定却发愁了：派谁去抓苏轼呢？堂堂御史台竟然找不到让他满意的人选。挑来拣去，李定选中了太常博士皇甫僎。皇甫僎领命，带着两名狱卒星夜飞马驰往湖州。

苏轼提前得知朝廷派人抓捕自己的消息，先把州事委托二把手祖无颇代理，自己则在州衙心神不宁地等着。皇甫僎抵达湖州，径直进入州衙。他两眼望天傲立于州衙大院，两位狱卒夹立在两侧，三人表情狰狞地瞪视着来往人员。苏轼得知来人这副架势，不敢出门迎接，与祖无颇商量。祖无颇劝告苏轼：事已至此，躲无可躲；且情况尚未明确，还得身穿官服出迎。苏轼来到大院，正式拜见皇甫僎一行。皇甫僎三人傲然无语。苏轼看到皇甫僎身旁的一个狱卒怀中揣着一把匕首，心脏怦怦劲跳。见三人不愿开口，苏轼主动认罪道："我惹怒朝廷，死罪不敢逃避，只求先与家人道别。"皇甫僎这才慢吞吞说："不至如此。"祖无颇乘机问："太博手里必定有朝廷诏书吧？"皇甫僎盯了祖无颇一眼，朝身边的狱卒努努嘴。狱卒探手抽出怀中的"匕首"——原来是用诏书伪装成的。读完诏书，不容苏轼与家人告别，两个狱卒如驱赶鸡狗般拽着苏轼就走。一行人经由太湖水路北上，很快来到芦香亭下。因为风大浪高，船舱破损，只得暂停。当夜，月色如昼，风涛如墙。一路上，苏轼饱受狱卒百般侮辱，此时面对万顷波涛，忽然想到：如果被拘入狱，不知要牵连多少人，还不如闭眼往船外一跳万事大吉。转念一想：如果自己死了，老弟苏辙该遭受多大打击啊！一念之转，李定等人逼迫苏轼自杀的阴谋就此失败。接着便是著名的"乌台诗案"的审讯，李定等妄图通过合法程序判苏轼死刑也以失败告终。

　　奸佞之臣代代有，比起杀人无所顾忌的其他朝代，北宋的奸臣只能以阴谋手段逼人自尽，而不敢直接取人性命，这从侧面展现了大宋官场在整体上是光明的、正气的。至于南宋，像史弥远那样公然截杀宰相并取而代之，则完全是末世的景象了。

大宋官场生活的忙与闲

从士子走向官场，对文人来说，这是一次巨大的身份转变，他们能否适应？大宋官员日常又都做些什么呢？

官闲无一事，蝴蝶飞上阶

欧阳修当初不会预料到，自己最初经历的官场生涯会是如此轻松闲适。

欧阳修的第一份工作是西京府（今河南洛阳）推官，主要职责是审理辖区内各类案件。上任时他仅 26 岁。当时西京府的主要官员都是大名鼎鼎的文人：一把手，西京留守钱惟演是流行一时的"西昆体"诗歌的旗手，也是吴越王钱俶之子；二把手，西京府通判谢绛有"文章魁首"之称，宋初诗坛领袖杨亿赞他为"文中虎"。在这样的上司手下工作，多少会有些压力吧？完全没有！钱惟演给欧阳修安排的主要任务竟是游山玩水、寻胜探幽。洛阳城里的那些奇花异草、园林古建很快被欧阳修和同事们寻访殆遍，他们的足迹又延伸向周边的景区。

次年三月底，欧阳修与同事梅尧臣、杨愈等前往 100 里之外的嵩山。他们在山上流连忘返，尽兴游览了少室山、缑氏岭、石唐山、紫云洞等景点。这使他们错过了著名的洛阳牡丹花开，牡丹花期约为 10 天，足见此次旅游时间之长。

当年九月，欧阳修再次前往嵩山。这一次，他是陪同谢绛执行公务——代表皇帝上山祭祀。谢绛上次就想与欧阳修等人同去嵩山，因有事在身未能成行，深感遗憾；此次出差，谢绛特意安排欧阳修、杨愈同行，梅尧臣则因调任他职未能陪同。说是公务，其实更是旅游。办完公事后，一行人还特意前往 70 里外的石唐山、紫云洞。此次行程历时 7 天。一行人在返回途中顺便登上洛阳城东南的龙门山。到达山间时，纷纷扬扬下起了大雪。众人乘兴登上石楼远望洛阳，一边欣赏雪景，一边吟诗作赋。有人无意间看到，山脚下的伊水桥上正有人冒雪策马驰来。不久，那帮人也到了山间，原来是钱惟演特意派来犒劳欧阳修一行人的厨子和歌妓。他们还传达了钱惟演的口谕："各位登山辛苦，可以多在山上逗留赏雪；府中公事简易，不必着急赶回。"多么体贴的上司，多么幸福的下属！

有时候，钱惟演也会与欧阳修等一起享受闲暇时光。据说，有一次钱惟演在后院摆设公宴，各位同事都已就座，只有欧阳修和一个平时跟他关系亲密的官妓未到。众人酒过数巡，欧阳修才姗姗来迟，随后官妓也红着脸赶到。钱惟演看了一眼欧阳修，对官妓佯怒道："为何迟到？"官妓回答："只因天热，到凉堂小睡，醒后发现头上金钗丢失，遍寻不见，所以来迟。"钱惟演说："如果欧阳大人能为你填词一首，我可以补偿你的金钗。"于是，欧阳修不假思索即席创作了一首新词，在座同事纷纷鼓掌叫好。钱惟演也哈哈大笑，命官妓满斟一杯酒献给欧阳修以示感谢，又令手下用公款补偿了官妓丢失金钗的损失。

游山玩水上司还担心受累，与官妓偷情还能得到补偿，大宋官员的日子实在是轻松闲适啊！

后来，欧阳修主政一方时同样是悠游度日。在滁州知州任上，他建造醉翁亭，命人杂种各类花卉，要求"浅深红白宜相间，先后仍须次第栽"，为的是"我欲四时携酒去，莫教一日不花开"。在扬州太守任上他建造平山堂，夏日凌晨带人上山宴饮，直到入夜才归。他依然过着神仙日子。

欧阳修的这种闲散，与同事刁景纯相比，又是小巫见大巫了。当时，他与刁景纯同知太常礼院（副院长），单位一把手是宋祁。刁景纯喜欢交游，平时不是在请人吃酒，就是在参加别人宴请的路上。而且，他这人礼贤下士，无论来访者身份如何低下，他必定按照礼节回访。刁景纯白天基本在酒桌上应酬，经常要三更半夜才回到家中，因此人称"刁半夜"。每次应酬时经过办公场所大门，他只略略减速，然后纵马离开。一天，退朝之后宋祁赶回办公室，遇到路过的刁景纯。宋祁特别文艺地挖苦他："久不辱至寺，但闻走马过门。"意思是：您很久没有光顾咱办公场所了，只常听到您的马蹄声从门前冲过。同事李淑看到这一幕，立即写了一首打油诗："景纯过官舍，走马不曾下。忽地退朝逢，便遭官长骂。"其他同事也纷纷效仿，各自创作了几首戏谑诗。欧阳修觉得有趣，动手把李淑的那首诗抄写在一把绫扇上。有好事者把这些诗挂到刁景纯办公场所的墙上，想看看他有什么反应。刁景纯听说同事作诗嘲弄他，但具体怎么回事他也没兴趣了解。直到有一天大雨滂沱，刁景纯没有应酬，才去办公场所转转。看到墙上悬挂的诗作，刁景纯有些尴尬，赶紧问手下人这些东西什么时候挂在这儿的。手下人答："挂此已十余日矣。"被戏谑批评之后刁景纯依然 10 多天没有到过办公场所（多年后还升任太常寺一把手）——这样做官闲得真要长出草了。

对于这种闲，苏轼也深有同感。苏轼任杭州通判时，每天酒局不断，又推辞不掉，笑称其为"酒食地狱"。后来，他升任杭州知州，几乎"无日不在西湖"。他常常与客人一起，带上官妓，早早泛舟湖上。大家先找风景优美处伴着歌舞吃完早餐，然后各自乘一条小船分头寻胜探幽而去。吃罢晚餐，苏轼命人鸣锣为号集合各条小船，一起登上望湖楼或竹阁，继续饮酒论诗、听歌赏舞。二鼓时分（晚 9 点至11 点），大家才在船头点烛回城。即使有公事在身，苏轼也习惯带着公文到西湖上批阅；往往半个时辰就能完成当天的工作，剩下的时间就在湖上悠哉游哉。

苏轼被贬到黄州后才知道官厅真的可以闲到长草。一次，他听人吟诵黄州教授朱载上的诗"官闲无一事，蝴蝶飞上阶"，愕然良久，再三称赏，认为这才是深得幽雅之趣。蝴蝶在官厅上流连，说明此地实在清静闲寂，很可能砖缝里都悄悄生长出花草了。

不是大宋官员有意偷懒，而是皇帝也鼓励这种优雅生活。宋孝宗淳熙十三年（1186）七月，陆游出任严州知州。赴任之前，向孝宗辞行，听取指示。此时，宋朝半壁江山已经落入金国手中，按照常理，皇帝会告诫陆游努力工作为国效力。宋孝宗所说却是："严陵山水胜处，职事之暇，可以赋咏自适。""职事"二字一晃带过，重点叮嘱的是让陆游吟咏创作。连皇帝都亲自鼓励，文臣们当然也就乐享清闲了。

吏事困人如缚虎

当然，并非所有官员都能轻松惬意、无所事事。查道就是官场上的劳碌命。

查道于公元 988 年（宋太宗端拱元年）考中进士，随即被任命为馆陶县尉。当时，馆陶县隶属于魏州（今河北邯郸），州中长官较为粗暴，各县税收过期不办者，相关官吏就要被召到魏州训话，并套上枷锁以示惩罚。馆陶历来是税收落后县，官吏被枷也是常事。被枷官员走出魏州办公大院后，常常马上卸掉枷锁，嬉笑如常。查道初次被枷，却扛着枷锁直接去乡下督促收税。乡中富民见此大惊，置办酒席为查道压惊。查道并不领情，亲自动手杖打富民。其余老赖吓破胆子，纷纷补交了租税。

几年后，查道升任果州（今四川南充）知州。当时四川各地很不太平，其中何彦忠聚集了 200 多人盘踞在果州山间。朝廷下旨招安何彦忠，但果州官吏请求查道在圣旨到达前派兵剿灭他们。查道认为，这些人中很多是误入歧途，不能一杀了之。他乔装打扮一番，赤手空拳，独自赶赴 100 多里外的强盗窝，申明朝廷招安之意。强盗们认出此人就是果州知州，随即抛下兵器投诚。查道赦免他们，签发文书让他们回家务农。

公元 1017 年（宋真宗天禧元年），查道调任虢州知州。当年秋天，虢州遭遇可怕的蝗灾，很多土地颗粒无收。查道一边开仓放粮，一边设棚施粥，忙碌不停。他还设法调集了麦种 4000 余斛分发给百姓。经过数月艰辛奔波，查道成功救活了灾民 1 万余人。

胡顺之在官场的主要工作与查道相似，有些经历比查道的更刺激。

胡顺之是宋真宗时的进士。据《宋史》记载，当时休宁县内有个汪姓豪强为非作歹，拒不交纳租赋，几任知县都对他毫无办法。胡顺之主政休宁县不久，汪姓豪强又犯法被讼，他故技重施，想躲在家里拒捕。胡顺之冷冷一笑，命人在汪家周边堆起木柴，放火点燃，汪姓豪强全家惊惶逃出，被捕后乖乖交税。后来，胡顺之调任青州做副职。州内大户人家麻士瑶暗中勾结权贵、私藏兵器、培植党羽，服装器物饮食都向皇帝看齐，平日里欺压百姓自不用说，连州县官员他也随意凌辱，却无人敢揭发控告。直到有一日，麻士瑶杀死了亲侄子，其嫂忍无可忍，到州府告状，麻士瑶的恶行才终于惊动朝廷。他这是要谋反的节奏啊！宋真宗急派钦差赶赴青州，督促当地政府缉拿麻士瑶。钦差到达青州，传达圣谕，问："谁可前去抓捕罪犯？"无人敢应。只有到任不久的胡顺之挺身而出，他亲持武器，率兵前往，将麻士瑶及其党羽一网打尽。

胡顺之似乎很喜欢用"火攻"催税。司马光在《涑水记闻》中记载了一件事：当时，胡顺之担任休宁县令。县里有刁民臧有金，横行霸道，从不交租。他蓄养恶狗数十条，负责收税的里正只要靠近门前他就放狗咬人。他还在自家院墙四周种满带刺的植物，让人无法靠近。先前，每年收租时里正经常自己出钱替臧有金交，那几任县令都听之任之。胡顺之上任后，里正向他汇报了此事。胡顺之大怒道："哪有百姓敢不交租的？只管前去催收。"到了收租日，里正去催了一次，没能成功；胡顺之派出一批杂役前去，又是空手而归；再派文书前往催收，仍然无功而返。胡顺之怒道："看来是逼我亲自出马啊！"他命令里正收集一堆蒿草，堵住臧有金家大门，放火点燃。臧家人惊恐万分，疯狂外逃，里正趁机将其全部抓捕，并痛打了所有 16 岁以上的男性。此后，臧家人再也不敢抗租不交。

催租、赈灾，偶尔捕盗，是大宋地方官员工作的重要内容。查道、胡顺之的经历具有普遍性。

催租，不仅需要地方官员投入大量精力，还需要斗智斗勇，以至于要扛着枷锁、放火烧屋才能完成任务。尤其是遇到灾年，催租更是苦事、难事。宋代著名的书法家米芾44岁任职雍丘县令。当年大旱，各地又出现蝗灾，上级仍旧不断催其收租。米芾不堪忍受，坚决辞去县令，只向朝廷讨要了一个监东岳神祠（看看神庙，工资照拿）的闲职。宁肯不要乌纱也不愿意催租，可见这差事实在折磨人。

赈灾也是各地官员经常要面对的难题。苏轼的官场生涯表面看起来轻闲，事实上每到一地都要忙于救灾。他第一站任职杭州通判，就开始修整西湖。随后调任密州，正赶上"旱蝗相仍，盗贼渐炽"，救灾捕盗成为头等大事。到徐州做知州时，恰逢黄河决堤，城外大水高出徐州城一丈有余，苏轼亲持畚锸与官民一起奋战70多个日夜，终于击退洪水，保住了城市。再到杭州任知州时，又遇到大旱，随即出现瘟疫。他多方筹措，募集资金200万文，自己又捐出黄金50两，赈米施粥，建造临时医院。几个月中，他不停地巡视、指挥，直到战胜灾情。接下来，继续整治西湖、疏通河道。朝廷没有经费，只批给苏轼100道僧道度牒（出家为僧人道士的凭证）。他将度牒售出，换来1700万文，再发动20万人力，经过几年辛苦才将西湖整治一新。在颍州知州任上，苏轼第一件工程就是整治颍河水患。"到官十日来，九日河之湄"，他几乎每天都跑到河边工作，仅仅现场调研就耗时两个多月。

两宋期间，中原一带处于由温暖转向严寒的气候变迁期。这一转变导致各地灾害频发，洪水、大旱（伴随蝗灾）此起彼伏。有专家研究表明，两宋期间发生的各类自然灾害，其数量和破坏程度都明显高于其他朝代。并不是苏轼运气不好，到哪里任职都能遇上灾害，救灾济民实在是大宋官员的工作常态。

宋代地方官员日常需要处理的事务并不很多。宋徽宗时期的状元张纲把宋代知州的职责归纳为七项：宣诏令，厚风俗，劝农桑，平狱讼，兴学校，理财赋，实户口。传达朝廷诏令位列第一，但并没有多少实事。劝农桑、理财赋、实户口，都是发展经济。在农业文明时代，官员对经济发展作为有限，能够及时兴修水利、抵御灾害、赈济灾民就很称职了；对国家来说，发展经济主要是及时收上税赋。大多数知州在任时，都"以厚人伦、美教化为第一义"。平狱讼、兴学校，也都是为了厚人伦、醇风俗。儒家认为，百姓风俗醇厚，社会秩序井然，国家就会繁荣稳定。大兴文教被认为是厚风俗的最好办法。官员们论赋吟诗也是兴文教的方式。如此说来，大宋官员看起来闲适的日常工作，也是在为朝廷厚风俗、兴文教做贡献呢！

不过，官员的日常工作也有烦琐的。宋神宗元丰四年（1081）六月，因工作失职，监察御史王祖道被罚铜10斤，满中行被罚铜6斤。说起来，他们是被别人的失职拖累的。当时，司农寺代理一把手舒亶发现该部有大量工作被拖延：未写好的文件2400多件，未整理的档案7万余件，没理清的账目7000余件，未收回的罚款390多贯。舒亶大为光火，请求朝廷追究相关责任人的失职，并状告监察御史说他们督察不力。客观来说，这不能怪御史们失职。当时司农寺的编制是官员4名、吏员18人。当然，这种具体事务，不需要文官们亲自动手，而是吏员们的工作——让他们日夜不休地加班，也不知道哪天才能处理完这些事务！看着就觉得头痛。难怪黄庭坚会感叹"吏事困人如缚虎"。看来，大宋官员也是劳逸不均，忙的忙死，闲的闲死。

欢场篇

有人说，社会对待女性的态度，

标志着一个时代文明的高度。

从这个角度我们看到：

大宋朝代的文明上限已经很高了，而其下限仍然很低。

大宋文人如何面对这一类女性

人们常说，大宋是文人的天堂。这个"文人"基本可以理解为男人。然而从性别这个角度来看，有时候面对这一类女人，大宋文人很有点儿为难。

丑男很受伤

祖无择是北宋前期的著名文人。他前半生顺风顺水，15岁结婚，28岁考中探花，进入官场后官运亨通，一直做到知制诰，成为仁宗身边的红人。就在大红大紫的时候，他的一世英名却毁在了一个美女的手上。究其原因，竟然是他长得丑。

47岁那年，祖无择的发妻去世，他回归单身。作为这个年龄段的成功男人，祖无择无疑属于钻石王老五，给他牵线的媒婆纷纷找上门。祖无择也开始认真考虑第二次婚姻。第一段婚姻是出于父母之命，祖无择没有体验到恋爱的激情与幸福；但家里连粥都不能喝饱时妻子仍能泰然处之，这使他对妻子充满尊重和感激。现在面临自己做主的第二次婚姻，祖无择注重的是恋爱的感觉。是的，他要找的就是心跳。抱着这种目的，祖无择在众多的候选者中一眼看上了徐氏，因为徐氏的美丽让他毫无抵抗之力。

在宋代，未曾出嫁的女子一般不会抛头露面，出嫁的女子才有参加公共活动的机会。例如，苏轼任杭州知州期间有一次逛西湖，邻船一个妇女请求苏轼为她写首诗，她说："我在少女时代就仰慕先生大名，因未嫁不敢出门；现在出嫁了可以出门，就厚着脸皮求大人了。"

当然，祖无择和徐氏不会直接面对面喝咖啡，而是由媒婆约徐氏逛花园，祖无择趁机在旁偷看了几眼——这几眼已经足够了。

祖无择爱上了徐氏，一心想把徐氏娶进家门，他一再催促媒人加快进度。但媒人传话："徐氏要先看看祖大人的相貌，才能决定是否答应这门婚事。"这可急坏了祖无择。他知道自己不是美男子，担心徐氏看不上眼。恋爱这事儿，谁先心动谁就落了下风。祖无择思来想去，想到了一个办法——请同事冯京出马代替自己相亲。冯京是个帅哥，肯定能让徐氏动心。可是，冯京帅到在仁宗、神宗时代可以排名前三，这就有很大问题了。排前三的另两位帅哥，沈遘在文人圈和政界号称"有貌大臣"，狄咏则是后来哲宗给姑姑征婚时的"人样子"。"人样子"，听起来有点像是售楼处的样板房，是所有待售房屋绝不可能达到的模样。冯京与之同级别，也是个"人样子"。找这样的人替自己相亲，这是祖无择为自己被退货埋下的重量级地雷。

按照祖无择制订的计划，冯京骑着高头大马慢慢悠悠地经过徐氏门前。媒人早已陪同徐氏坐在门后翘首以待。看见冯京过来，媒人轻声说道："祖学士来了。"徐氏一看，心脏立即怦怦直跳。她完全没有料到，这位祖学士，皇帝身边的红人，竟然如此英俊倜傥，还如此年轻（冯京比祖无择小 10 岁）！这一切都超过了期望，她有什么理由不同意呢?

于是,祖无择和徐氏都怀着无比兴奋的心情迎来了他们的新婚之夜。当客人散去,红盖头揭开,祖无择犹如走进了天堂,而徐氏却似跌进地狱:她那年轻英俊的祖学士怎么变成了眼前这个又老又丑的男人?没有比较就没有伤害,两张脸不停地在徐氏脑海里对比。她誓死不承认这桩婚事。几天后,徐氏"休"掉了祖无择。

祖无择的糗事在朋友圈传开了,他被称为"第一个丑到被妻休的男子",半生英名毁于一旦。

宋代女人"好色指数"似乎比较高,这就导致宋代很多丑男的婚姻生活很不幸福。

丑男章元弼是苏轼的超级粉丝。章元弼虽然长得难看,但他妻子陈氏(也是其表妹)却是个大美女。按说他们的婚姻生活应该很幸福,偏偏没有。据章元弼对朋友说,这与苏轼有点关联。婚后,章元弼常常因读苏轼的《眉山集》而忘了到点睡觉,时间一长,妻子对他意见很大,最后要求离婚。如果苏轼知道这事,绝对会表示"这个锅我不背"。一本几天就能读完的书,为什么偏偏要在新婚燕尔时抱着不放呢?

比章元弼更惨的是,还有人因为长得丑而差点丢了性命。宋神宗熙宁年间,山东登州有个长得非常难看的韦姓男子,邻村有个女孩叫阿云。阿云在母亲死后不久被家里人许配给小韦。知道未婚夫是个丑男,阿云在家里大吵一通。她尝试自己想办法解决问题。一个月明之夜,她操起一把菜刀直奔小韦家中。见小韦不在,阿云怒气不减,经人指点,径直找到正在田间睡觉的小韦,举刀就砍。幸好小韦没有深睡,忙起身反抗。一番打斗,阿云砍断了小韦的一根手指。这件事引起轩然大波，司马光和王安石都为此案争论不休，最后还是宋神宗亲自出面才了却这桩官司。

女人烦丑男，还可以理解；皇帝对臣子颜值有要求，这就让宋代的男人"压力山大"了。

宋哲宗时有个士子叫袁应中，博学多才，名闻四方。但因为长得丑，他长期郁郁不得志。好不容易经蔡确引荐，前去晋见哲宗。他指望借此机会一展才学，一飞冲天。没想到宋哲宗一见到他，连喊"大陋大陋"（太丑太丑）。袁应中没想到皇帝也是"颜控党"，一时之间竟然张不开口，一言未发就怏怏而退。从此，袁应中得了与柳永"奉旨填词"齐名的"奉敕陋"外号。

惧内很流行

惧内（怕老婆）的男人代代都有，但像宋朝那样蔚然成风还能给后世贡献几个熟语的，堪称少有。

在苏东坡的朋友圈中，就有不少惧内的人。其中，东坡的铁杆老友陈慥（字季常）最为典型。苏东坡在陕西凤翔首次参加工作时便与陈慥相识，后来被贬黄州，陈慥正好居住在黄州岐亭，二人过往密切。贬居黄州四年中，他三次拜会陈慥，陈慥则七次拜访他，二人共相处100多天。陈慥号龙丘居士，自称精通禅学，常邀人聚会谈禅。有时谈兴正浓，妻子柳氏不开心了，就在内室大声谩骂，大家怏怏而散。陈慥家里蓄养了歌妓。如果陈慥与朋友集会时让歌妓作陪，柳氏就隔墙大骂，并拿木杖猛击墙壁。陈慥则吓得抖抖索索，连手中的拄杖都掉落在地。苏轼专门写了首诗记录这一场景："龙丘居士亦可怜，谈空说有夜不眠。忽闻河东狮子吼，拄杖落手心茫然。"真是想不通：这么怕老婆，谈禅的时候还带着歌妓，岂不是越谈越"馋"？

陈慥怕老婆的事，由南宋洪迈在《容斋随笔》首先传播。洪迈在笔下对陈慥满是嘲弄，他似乎并不知道，在别人眼中他和哥哥洪适也是惧内分子。洪氏兄弟都是少年富贵，家里蓄养了很多歌妓，因为怕老婆，不敢放肆享受。后来，洪适的妻子去世，一位朋友前来悼念，主宾二人对坐闲聊。朋友提议让歌妓出来助兴。洪适一愣，他都忘了可以叫歌妓了。于是，撤茶上酒，唤出歌妓。一时间身边美女如云，歌声如酒。酒未醉人人已醉，洪适一把握住朋友的手感叹："没想到这辈子会有这等快乐！"20年后，洪迈的妻子也去世了，那位朋友又来拜访，洪迈让家妓前来陪席。酒酣之时，洪迈大声感叹："我终于懂得哥哥当年为什么会说'没想到这辈子会有这等快乐'了！"

怕老婆的表现并非都是胆战心惊，还有另一种形式。宋初文人安鸿渐向来滑稽，妻子却是非常严肃的人。岳父去世，安鸿渐按照礼仪在灵柩前哭拜。妻子在帘幕后发现安鸿渐只是干嚎并无眼泪，让人把他叫来，责问："你为什么不流泪？明显是心不诚！"安鸿渐小心答道："刚才用手帕擦干了。"妻子告诫他："明天早上，一定要见到你流泪！"安鸿渐只得说："好的，遵命！"第二天，安鸿渐用一条宽毛巾把一张湿纸裹在额头上，一边磕头，一边哭叫。妻子又来检查他是否流泪，不由大惊："为什么你的泪水是从额头流出来的？"安鸿渐答道："我听说自古有'水出高原'的说法，眼泪从上面流出是对的。"妻子不懂他掉的是什么书袋，但也饶他不跪了。

女人猛如虎

男人惧内和悍妇盛行，是宋代的两大特色。

男人怕老婆和老婆很彪悍并不完全相同：让男人怕的女人不一定很彪悍，也可能很温柔，男人对女人的怕其实是爱；对彪悍的女人，男人并不一定怕，很可能两人会互撕。

宋初开封尉氏县县令陆慎言的妻子朱氏"狡猾善妒"，不仅严管老公不准纳妾，而且连衙门政务都要事事干预。朱氏干政的名声很响，全县百姓都知晓，于是送给她一个响亮的外号——"胭脂虎"。到底还是宋代人文雅，如果叫"母老虎"那就太难听了。"母老虎"后来成为悍妇的代名词，很可能就是朱氏做出的贡献。

悍妇，迟早得跟老公动手。南宋大词人姜夔有个朋友叫张仲远。张仲远的妻子生性嫉妒，悍名远扬。丈夫收到信件，她都要先检阅一番。有一次，姜夔到张仲远家做客，有意戏弄朋友，当场创作一首艳词，"回忆"二人不久前同逛青楼的场景，内容极其艳丽销魂。姜夔写完，喊张仲远来欣赏，自己则称有事躲到门外。张仲远的妻子抢先从房间里冲出，一把将词抢到手中。读完词后，她高声质问张仲远到哪儿鬼混去了。张仲远百口难辩。妻子见张仲远无话可说，更加恼怒，一边痛骂，一边把张仲远挠成了大花脸。

相比《梦溪笔谈》的作者沈括，张仲远这点皮外伤还不算太惨。沈括晚年续娶张氏。张氏非常凶悍，稍有不满，张口就骂，乃至动手动脚。有一次，二人起了争执，张氏一把抓住沈括的胡子，用力扯下，扔到地上。儿女们帮着捡起来，发现胡子上竟连着肉粒！

还有女人因醋性大发闹得太凶，弄丢了自己的婚姻和丈夫的官帽。

夏竦才华横溢，仕途顺畅，30 岁已任知制诰，前途不可限量（后来做到宰相）。夏竦春风得意，多娶了几房小妾，渐渐冷落了妻子杨氏。雪上加霜，杨氏与婆婆的关系又很糟糕。杨氏内心不爽，就联合弟弟把夏竦平时有些见不得人的勾当告发到官府。婆婆知道媳妇告发儿子，恼怒不已，破口大骂。杨氏的母亲见亲家母如此，也撒泼回骂。皇帝知道这事，大为生气——朝廷知制诰的母亲与岳母当街吵骂，直接影响朝廷的颜面。于是皇帝下旨：夏竦降职两级，并立即与杨氏离婚。

普通百姓没办法对付家中的"胭脂虎"，而皇帝手段多的是。宋太祖即位不久，派亲信王宾去亳州当监军。按照规定，监军赴任不准携带家眷。王宾的妻子不服。她一向妒悍任性，不肯让丈夫脱离自己的掌控。王宾赴任后，她擅自前往亳州"监夫"。这是明目张胆违反军令啊！王宾不敢隐瞒，直接禀明皇帝。宋太祖一听大怒："这是要动摇我的军心！"立即派人召来王夫人，让卫士狠狠打了她 100 棍，再发配给忠靖营的士兵为妻。王夫人不堪忍受，第二天便含恨去世。这一次悍妇发飙，毁的可是自己性命。

有人说，宋代流行"胭脂虎"是女人经济相对独立的结果，比如结婚时嫁妆丰厚，离婚时嫁妆带走。这话有一定道理。的确，宋代二婚妇女很受欢迎，完全可以对男人颐指气使。这是下一个话题了。

为其囊中十万贯

大宋男人的实用婚姻观

如果可以自由选择，大宋文人挑选结婚对象时最注重什么条件——颜值？性格？文化水平？都有可能。但最有可能的是经济条件。从择偶的态度最能看出一个时代的风尚。宋代的文人们其实很理性、很务实。

二婚"富婆"很抢手

两位宰相为前宰相的儿媳争风吃醋，闹到惊动了皇帝，最后被双双降职，这是发生于宋真宗咸平五年（1002）十月的新闻。顶级权力、绝色美女，集合了最火爆要素的风流韵事，却被100年后的理学家程颐解释成一场财产争夺战，实在是大伤风雅。不幸的是，这解释却是一语中的。

事情有点儿曲折。先介绍这桩风流案的三位主角。女主柴氏是前宰相薛居正的儿媳妇，即左领军卫大将军薛惟吉的遗孀，年龄不详，约30岁。男主一，现任宰相张齐贤，时年61虚岁；男主二，现任宰相向敏中，时年54虚岁。

薛惟吉是薛居正唯一的儿子（抱养来的），去世时正值42岁壮龄。左领军卫大将军是正四品武将，属于京城卫戍部队中的高级将领。不用说，薛家两代高官积攒了大量财产。柴氏是薛惟吉的后妻，婚后不久尚未生育便成了寡妇。

薛惟吉与前妻生了两个儿子，薛安上、薛安民，他们与柴氏彼此很不待见，加上在家庭财产归属问题上相互防范，双方关系日甚一日紧张。柴氏在薛家苦熬了 6 年，终于决定改嫁。

柴氏选择的再嫁对象是宰相张齐贤。张齐贤身材高大，食量惊人。他家仆人曾做过实验：在一次请客吃饭时，把菜食准备了分量相同的两份，张大人每吃喝一样东西，仆人就把备用的一份倒进桶里，最后倒满了一桶。张齐贤与柴氏眉来眼去时虽然已是 60 岁高龄，但按照他能吃能喝的状态，身子骨应该还很硬朗。高、富、帅，进士出身，这样的大叔能讨二婚女人喜欢并不奇怪。到公元 1002 年，柴氏与张齐贤二人的关系已经水到渠成，准备男婚女嫁了。那天，张齐贤备好豪华马车，正准备前去薛府迎娶新娘子，突然接到传票——他和柴氏二人成了被告。

原告是薛安上，他向开封府递交讼状称：张齐贤伙同柴氏，以结婚为名，妄图转移薛家大量财产。

开封府接到诉状，一看事涉当朝宰相，不敢擅自处理，赶紧汇报给宋真宗。宋真宗觉得：这事主要还是正常男女私情，朝廷也不好过多干预，让他们注意点影响，自己处理好就行。于是，他只派人向柴氏问话，了解一下详情。谁知道，柴氏看到皇帝派人盘问她，发起火来："这是诬告，是有人想拆散我们！"满腔怒火的柴氏亲自跑到登闻鼓院敲鼓上诉。她告状的对象是本案的二号男主——宰相向敏中。诉状称，向敏中曾经向她求婚，遭到拒绝，所以指使薛安上告状以图报复。同时她还状告向敏中与薛安上狼狈为奸，以远低于市场价的价格买走了薛家旧宅。

宋真宗接到柴氏的诉状，大为光火：你们男女间争风吃醋朕可以不管，但涉及薛家旧宅的买卖可就直接挑战朕的权威了。这薛家旧宅是当年真宗赐给宰相薛居正的。为了防止薛老一旦去世，不肖子孙挥霍祖产，宋真宗曾下诏这处钦赐的房产不许上市交易。现在向宰相竟敢把皇帝的金口玉言当作耳旁风，实在是利令智昏！宋真宗召来向敏中，耐着性子询问柴氏的诉状是否属实。向敏中一口否认曾向柴氏求过婚，并说自己的妻子刚刚去世，近期根本没有再娶的打算。

宋真宗见双方各执一词，便下令案件交由御史台查办，一旦查明，按实处理。几天后，有个大臣揭发向敏中，说他不久前已与王氏订了婚约，却对皇帝说没有结婚打算，这是欺君之罪！宋真宗派人去问王氏，得知确有此事，不禁勃然大怒："好你个向敏中，既然敢当面欺君说不想结婚，那么你没向柴氏求婚的说法也绝不可信！"

眼看要遭受重罚，向敏中也向皇帝爆料："柴氏告我的材料其实是张齐贤的儿子写的，张齐贤是想扳倒我以便独揽大权！"宋真宗冷笑一声："既然你们不要体面，相互咬了一嘴毛，那就都给朕彻查！"于是，回过头来再查柴氏，果然有问题。柴氏的一个贴身丫鬟招供：柴氏把一批价值3万贯（3000万文）的珍宝藏匿起来，极有可能是要带到张宰相家去。

果然还是为了钱！宋真宗长叹一声："连宰相都这么不要脸了吗？"于是下诏：向敏中罢为户部侍郎；张齐贤责授太常卿，分司西京洛阳；张齐贤的儿子、薛安上等一帮涉案人员全部责罚！

后来，柴氏还是如愿嫁给了张齐贤。数年后，张齐贤被召回朝廷重新担任宰相，直到 72 岁去世。柴氏主持整理了《张齐贤文集》并报送朝廷，还为张齐贤孙子求官。看来，柴氏与张齐贤还是颇有感情基础的。但在理学家程颐的眼里，两位宰相追求柴氏的唯一目的就是钱——"为其有十万囊橐故也（为她袋里有十万贯钱）"。

其实，理学家们也未能都免俗。

南宋魏了翁也是有名的理学家，其女婿去世后，他并未鼓励女儿从一而终，而是支持女儿再嫁。消息传出，周边的单身男人们都闻风而动，踏破媒人门槛，各逞其能，毛遂自荐。大家都知道魏氏继承了娘家和夫家两边的财产，嫁妆一定丰厚。魏氏经过认真挑选，最后嫁给了士人刘震孙。结婚后刘震孙却烦恼不断。那些没有娶到魏氏的男人出于羡慕嫉妒恨，一直对刘震孙指指点点，说他贪财吃软饭。持续的指责，严重影响了刘震孙的日常生活。

宋代男人喜欢争娶二婚女子，一个重要原因在于宋代有厚嫁女儿的习俗。一般人家中女儿的嫁妆都要比儿子的彩礼丰厚。范仲淹当官后为范氏家族兴办义庄，规定凡是族人婚娶都给予资助：男婚资助彩礼 20 贯，女嫁资助嫁妆 30 贯。再后来，苏辙为了女儿出嫁，变卖良田凑齐嫁妆 9400 贯（940 万文）。权贵人家如此，中产阶层也想尽办法凑钱嫁女。宋太宗时期，有个小官李允正，因无钱给妹妹办嫁妆，便抵押京城唯一的住房向钱庄贷款。大宋法律规定：妇女带到夫家的嫁妆是个人财产，完全由自己支配，离婚改嫁时可以带走。如果再能从夫家继承一些财产，有些二婚女人的确可以被称为"富婆"，这就会受到很多男人追捧了。所以，程颐说张齐贤、向敏中追求柴氏是一场财产争夺战，也不全是毒舌，实在是因为大宋男人们也物质。

当然，大宋二婚"富婆"遭人抢还得有一个前提条件——社会风俗并不歧视二婚女性。南宋时期出现的"饿死事小，失节事大""从一而终"的理学思想，在整个宋代其实并没有多大市场。北宋就有两位皇帝把二婚女性扶上了皇后位置。宋真宗年轻时看中了街头卖艺的有夫之妇刘娥，他登基后逐步把刘娥提升为皇后。而曹皇后嫁给宋仁宗前也曾先嫁给李化先。据说李化先喜爱修仙，于新婚之夜跳墙逃走。这显然是为圣人讳。总之，有了皇帝以身垂范，二婚妇女大受欢迎便成为大宋的一道风景。

"榜下捉婿"亦交易

二婚男人喜欢争娶寡妇，优质的未婚男人（须进士及第）却会被女人争抢。当然，够资格抢单身进士的女人，其家族非富即贵。

宋仁宗皇祐元年（1049）三月二十一日，是殿试唱名的日子。除了那些等待唱名的进士们神情紧张，资政殿学士、给事中、青州知州富弼也虎视眈眈地盯着排名结果。他是想从这些新科进士中抢回一个女婿。

当年，富弼就是这么被人抢走的。那是19年之前（宋仁宗天圣八年），富弼参加茂材异等科的制科考试（比进士考试更高一级）。考试之前，御史中丞晏殊就告诉主考官：考试结果一出来，务必第一时间向他通报，他要从新科进士中为二女儿挑选女婿。主考官乐于从命，在通报结果时推荐了成绩优秀的富弼。晏殊毫不迟疑，第一时间就向富弼提亲，成功抢到了这个女婿。结婚后富弼发现，大户出身的晏氏举止得体，家教良好。二人相敬如宾，婚姻生活美满幸福。富弼在官场上发展顺利，后来成为宋代著名的宰相。

现在，富弼的大女儿富若兰已经21岁，跨入"剩女"的行列了。富弼从自己的经历中体会到：高官女儿与新科进士强强联姻，这样的家庭将走上康庄大道。

殿试唱名结果出来，新科状元是天下第一帅哥冯京。据说冯京还是单身。富弼立即派出家人前往崇政殿外等候，务必把冯京请到家中。没想到，尽管富弼动作迅速，还是比别人晚了一步！

原来，冯京刚刚走出崇政殿，一帮吏卒直接冲过来，二话不说将他架进一辆豪华马车。冯京惊慌地问："光天化日之下你们想做什么？"吏卒嘻嘻一笑："榜下捉婿，没听说过吗？"冯京放心了。每年殿试放榜，都会有大批高官富豪到皇榜前争抢女婿。这些进士将来大部分会飞黄腾达，甚至官拜宰相，权贵们很有兴趣长期持有这种优质股。对绝大部分未婚的新科进士来说，这更是一门划算的婚姻：一旦联姻成功，财务自由、锦绣前程都指日可待。在众人簇拥下，冯京心情轻松地来到一座豪宅前。大门口，一个中年男人笑眯眯地迎接冯京下车，客气地把他带到室内。这男人边走边自我介绍："本官是三司使张尧佐。"三司使是炙手可热的高官，称为"计相"，掌管天下财权，地位仅次于宰相和枢密使。"张尧佐"三字咯噔撞了一下冯京的心脏。冯京知道，张尧佐还有一个更重要的身份——张贵妃的伯父。宋仁宗非常宠爱张贵妃，据说近期正准备提拔张尧佐为枢密使。如果娶了张尧佐的女儿，那就和皇帝成为连襟了。

宾主二人刚刚坐定，张尧佐就开门见山地对冯京说："本官有小女待字闺中，想以冯学士为乘龙快婿。这也是圣上的意思。"正说着，宫中派人送来了酒菜，还有几个箱子，另加黄金500两，说是为张尧佐女儿准备的嫁妆。张尧佐指着嫁妆笑眯眯地问冯京："学士以为如何？"冯京心里早就拿定了主意。"皇帝的连襟"听起来拉风，实用性较低：外戚要做中上等官员很容易，但想继续升迁，那难度实在太大了。外戚专权，国之大忌，那帮文官们天天都盯着外戚呢，就连皇帝想让张尧佐再上个台阶也遭到激烈反对。作为历史上屈指可数的"三元及第"的才子，冯京的志向是直接奔着宰相去的，他可不愿让外戚的身份阻碍自己将来的大好前程。他从容地朝张尧佐拱拱手说道："能得大人垂爱着实荣幸，只是在下早已与王氏定亲了。"

几天后，富弼得知冯京拒绝张尧佐招亲的消息，大为兴奋，再次派人前往冯京的住处。不料富弼还是慢了一拍，兵部郎中、三司判官王丝抢先动手，成功把女儿王文淑许配给冯京了。

正常情况下，富弼此时应该彻底死心，赶紧另想办法嫁掉富若兰。但他不急不躁，继续让女儿在家坐等天上掉夫婿。等了一年多，竟然还真是等到了：婚后仅仅一年，王文淑便去世了，冯京回归单身。富弼第三次派人向冯京提亲。冯京也很乐意，欣然娶了富若兰。富弼之所以如此执着，在于他认定冯京将来必有一番大作为。而冯京一再做高官家女婿，自然也是为了将来的发展。他后来果然不负众望，官拜参知政事，成为朝廷中枢成员。

并不是所有的捉婿都发生在榜下，杜衍的经历代表了一种更为普遍的倾向。当年杜衍贫困潦倒，四处奔波。偶然在县令家得知有一姓相里的富商家中正有一女待嫁，他便贸然前去求婚，遭到了拒绝。后来杜衍科举及第，相里家反过来带着豪礼前去杜家求婚，两家便结为秦晋之好。这个故事的重点，不在于相里家趋炎附势，而在于杜衍不问门第、只求多财的择偶观念。虽然宋代就有人批评"近年进士登科，娶妻论财，全乖礼义"，但在某种程度上，这种实用的婚姻观也为大宋社会阶层流动提供了一种强大的动力。

续娶小姨求便利

冯京的故事还在继续。冯京娶了富若兰，生活美满。富氏并不嫌弃冯家是小商人出身，侍奉公婆尽心周到，深受冯家上下喜爱。不幸的是，婚后仅一年，富家大小姐因病去世。冯京又一次回到单身汉行列。

虽然已是准三婚男人，这时的冯京仍然只有 30 多岁，正是大好年华，又是天下美男，自然成了媒婆眼中的奇货。给冯京说媒的人络绎不绝，选谁却成了令冯京头疼的事——在媒婆嘴中，所有的女孩子都是如花似玉，区别只在于谁的父亲官大。宁信世上有鬼，不信媒婆一张嘴。对经历过两次婚姻的冯京来说，他希望这一次能娶一个相互了解的女人。恰好身边就有一位：冯京的小姨子，富弼的二女儿富若竹。富弼也正有把二女儿嫁给冯京的想法。于是，冯京娶了小姨子，继续待在富弼家当女婿。

续娶小姨子，在大宋男人中几乎是一种风尚。比如，苏东坡在原配夫人王弗去世一年之后，续娶了王弗的堂妹、小自己 11 岁的王闰之。欧阳修的同科状元王拱辰先娶了宰相薛奎的三女儿，在其去世后又娶了薛奎的五女儿。有趣的是，欧阳修娶的是薛奎的四女儿，本来王拱辰是欧阳修的大姨夫（大连襟），他娶了新夫人后身份就降低，变成了欧阳修的小姨夫。据说，欧阳修曾为此写诗打趣王拱辰是"旧女婿为新女婿，大姨夫作小姨夫"。

还有人更牛，不但继娶妻妹，还霸气逼人，要在妻子的几位妹妹中挑挑拣拣才肯成婚。宋初才子刘烨娶了尚书赵晃的大女儿为妻，没过几年，妻子去世。此后，刘烨没有再娶，一门心思扑在科举上。公元 998 年（宋真宗咸平元年），刘烨考中进士。此时赵晃已经去世，赵家大事由岳母主持。岳母见刘烨功名已就，又未再娶，就想把还未出嫁的女儿再嫁一个给他。岳母请媒人前往议亲，刘烨却回答："如果要我娶七姨，我不敢成婚；如果让我娶九姨，我听从命令。"岳母一听，急了："你小子还挑三拣四啊！"也顾不得再让媒人传话，她直接跑去质问刘烨："老话说得好，'薄饼从上揭'，凡事得讲个顺序，论个规矩。小刘你才考中进士，就可以不按规矩，随便挑选人家女儿啦？"刘烨回答："不是我要挑，实在是七妹骨相寒薄，跟我命相不合。九妹就跟我命相正好，适合做夫妻。"岳母一想，估计这小子以前就跟九妹关系好，这借口也是无可挑剔，于是成全了他们。

不过，不是谁都可以那么潇洒，能够顺利娶完大姨再娶小姨的。有此艳福的，基本都是冯京、王拱辰和刘烨这样功成名就的男人。姚勉的事例从反面证明了这一点。

姚勉家境贫寒，小时候跟随父母逃难到江西丰城湖塘的邹舍村。父母帮人打零工，姚勉则给本村秀才邹春谷家放牛。邹春谷看到姚勉爱读书，就抽空教他读四书五经，还将长女邹妙善嫁给他。可惜的是，婚后一年邹妙善就去世了。为妻子服完丧，姚勉想再娶妻子的妹妹邹妙庄。他试探性地提了几次，邹家没有一人表示同意。直到1253 年（南宋理宗宝祐元年）姚勉考中了状元，邹家这才开开心心地为姚勉和邹妙庄举办了婚礼。

为什么妻妹喜欢嫁姐夫？从韩忠彦夫人临死前的嘱托中可以看出一二。韩忠彦是北宋著名宰相韩琦的长子，后来他自己在徽宗朝也成为宰相。韩忠彦17岁时娶了宰相吕公弼之女，28岁那年吕氏去世。临终前吕氏嘱托韩忠彦："我还有一个小妹在家，你如果能念着我的好，就请你续娶她，她必定能善待我们的孩子，还能延续韩吕两个家族之间的关系。你娶了她，我就死而无憾了。"于是，韩忠彦又娶了妻子的妹妹为继室。面对功成名就、自己又熟知底细的姐夫，那些妻妹应该嫁得心甘情愿吧。而一个男人能再娶一个知根知底的年轻女子，还能继续保持两个门当户对家族的联姻，又何乐而不为呢！大宋男人的婚姻观就是这么实在。

大宋文人眼中的男女关系

宋代庄绰在《鸡肋篇》中记载了浙江某地的一种婚俗：新婚之时新娘要坐在榻上让人围观。新娘如果是头婚，就坐在榻席正中间；如果是再婚，则坐在榻席靠前面。无论头婚或再婚，新娘都不用大红盖子遮头。围观者感叹于新娘漂亮的，无论男女都可以动手"怜抚"新娘，新娘本人及其家人并不觉得过分，反而会非常开心。

很多人可能无法想象，这种开放的婚礼习俗竟然出现在宋代。的确，宋代对待男女作风的态度开放、务实。

成全好事

曾三朝为相的北宋名臣韩琦，晚年出任大名府（治所在今河北大名县）一把手时遇到了一桩棘手的男女作风案。事情大致是：大名府通判（二把手）有个女儿，与签判（三把手）的儿子平时有来往，相互有意。大约是通判大人平日看管得紧，两个年轻人没有机会做出过分举动。一次，通判去辖下的市县巡察。由于他要跑遍几个县，在外时间比较长，就给了两位年轻人可乘之机。一天，趁通判家中无人，签判的儿子翻墙进屋与通判的千金幽会。激情之下，二人行了男女之事，被通判夫人抓了个正着。通判夫人既羞又急，丈夫出差在外，此事又不好与其他人商议，情急之下她把这对男女送到州府，要求韩琦秉公处理。男女偷情是棘手的案子。韩琦毕竟阅历过人，他稍一思索，告诉通判夫人："此事不宜闹大，否则双方名声都要受到影响；也不能听之任之，不然要出更大的乱子。既然这两孩子彼此有意，让他们光明正大地成婚，此事也就掩饰过去了。"通判夫人想想，只好同意。令人意外的是，两人结婚的当日，韩琦还拿出50万文铜钱作为女方的助嫁费。50万文是个什么概念？差不多可以买到一个小妾了。此前韩琦在定州主政时，有个门客因逛青楼晚归被门卫告发。韩大人不怪罪，看他单身无人照顾，特派手下去京城花100万文给其买了一位小妾。从这两件事可以看出，对未婚男女之间的偷情，韩琦抱有成人之美的开明态度。

南宋度宗时的副宰相马光祖也乐于资助偷情的小男女。马光祖任京口（今镇江市京口区）知县时，境内有个读书人翻墙与未婚女子偷情，事发被扭送官府。得知案犯是个读书人，马光祖审理时把断案改为当厅面试。参考《孟子·告子下》一文，他出了一道题"逾墙搂处子"，让那人现场作诗以考察其学识文采。这个读书人毫不胆怯，提笔就写道：

花柳平生债，风流一段愁。

逾墙乘兴下，处子有心搂。

谢砌应潜越，韩香许暗偷。

有情还爱欲，无语强娇羞。

不负秦楼约，安知汉狱囚。

玉颜丽如此，何用读书求。

马光祖看此人才思敏捷，且用情深切，便有心成全二人。于是，他当场作一首《减字花木兰》作为判语：

> 多情多爱，还了生平花柳债。
>
> 好个檀郎，室女为妻也不妨。
>
> 杰才高作，聊赠青蚨三百索。
>
> 烛影摇红，记取媒人是马公。

从这首词来看，马光祖才情一般，但其精神可赞。除官宣将女子配给那读书人外，还赠给二人助嫁费30万文。马光祖生活的时代已是理学盛行的南宋后期了，如此举动尤其难能可贵。

王刚中也有同样的举动。王刚中是南宋高宗时的探花，宋孝宗的老师。他担任南剑州（今福建南平市）知州时，到延平县视察工作，发现该县正在处理一件男女风化案。男方名叫陈彦臣，女方名叫连静，二人偷情时被女方母亲发现并送至县衙，县令以"和奸罪"（自愿偷情）将二人关进了大牢。王刚中翻阅案宗，发现这对情人都自称喜读诗书，便分别以"题竹帘"和"蝴蝶入蛛网"为题让他们作诗。二人很快将诗作呈上，王刚中读后非常满意，也当场题诗一首："佳人才子两相宜，置福端由祸所基。永作夫妻谐汝愿，不劳钻穴隙相窥。"意思是说：你们佳人才子非常般配，我现在判你们成为夫妻，了却你们的愿望，从此不必通过墙缝彼此偷偷相望。王刚中的这首诗叫《陈彦臣连静女案判词》。

事实上，这几个案子的判决结果违背了宋朝律法精神。宋律规定：未婚男女偷情，"徒一年半"（监禁并劳动改造）。而韩琦、马光祖、王刚中都认为，当事人是两情相悦，又与人无害，何不就此成全一段美满姻缘？从这几件案子的处理结果看来，对未婚男女的越礼举动，宋代文人的脑子毫不迂腐，甚至还透着一点儿敢于担当的可爱。

不必多事

对于民间的普通男女风化案，大宋官员的态度则显得非常理性；他们主张严格依法而治，并不过分追求道德审判。

南宋理宗时期，临桂县（今桂林临桂区）有个穷书生名叫黄渐，靠教书谋生。这一年，黄渐带着妻子阿朱跑到邻县，在陶岑家中当私塾先生。附近庙里有一个和尚法名"妙成"，与陶岑关系好到穿同一条裤子（互相衣物），时常出入陶家。时间一长，妙成勾搭上了阿朱。后来，陶岑与庙里另一名和尚产生矛盾，把对方告到官府，讼词中牵扯到妙成与阿朱有染。临桂县提审妙成、阿朱等，审得案情属实，便判妙成、陶岑、黄渐三人各挨60棍；阿朱被判离婚，让她嫁给军人。黄渐被发配充军。黄渐本是受害人，却受到责罚，当然不服，于是上诉到桂州。桂州官员范西堂重新审理了此案。他指出，审判结果背离了大宋法律"奸从夫捕"的精神。所谓"奸从夫捕"，是指在和奸（通奸）案中，只有丈夫告发且查明属实，官府才可以抓捕涉案男女。范西堂说，大宋如此立法的本意，就是为了避免无关人员以通奸罪诬陷妇女。他推翻了判决结果，撤销了让阿朱与黄渐离婚的决定。黄渐无罪，可以带妻子回家。妙成身为出家人却与人通奸，罪加一等，押送灵川县监狱服刑。

范西堂的判词记录在《名公书判清明集》一书中。该书是南宋部分官员断案判词的汇编，辑录的都是真实案件的判词，其中有10起通奸案。在另一桩案件中，有人告发李高的妻子与道士私通，被判定不予立案。胡石壁在复核此案时非常认同这个判决，并批示道："在法：诸奸，许夫捕。今李高既未有词，则官司不必自为多事。"

夫不告，官不究。对于不是由丈夫亲自告发的通奸案件，官府不愿多事，显示出宋代官员对民间男女私通行为具有较大的包容性。

与我们想象的不同，在一些案件中大宋官员的判词完全不对涉事女性做道德评判，而是指责男性当事人有违圣教。《名公书判清明集》还记载了范西堂判定的另一个案子：王桂就读于县学（或州学），其邻居何十四领彭氏为童养媳，但直到彭氏23岁时二人仍未成婚圆房（范西堂判：父母之过也）。不知道从何时起，王桂与彭氏彼此有意；二人先是隔着篱笆眉目传情，后来偷偷相互串门。直到有一天彭氏怀孕，二人关系这才暴露。何十四害怕王桂的势力，不敢到官府告状，便让岳父赴官府控告自己治家不严致使家庭蒙羞。范西堂一眼看出，这诉状其实要控诉王桂恃强凌弱。他对此案的判决结果是：王桂交给学校打20大板，然后驱逐出校。因为何十四本人并未出面告状，所以官府没有将此事作通奸案处理，彭氏也就没有受到处罚。范西堂还愤然写下了500多字的判词，其中约200字为叙述事实，剩下的300多字几乎全在批评王桂，斥责他"不能以礼自防"，是"圣贤之罪人"，始终没有一字对彭氏做道德评判。

也是大事

而对官员在男女关系方面的越礼行为，宋人并不宽容，有时甚至苛刻地大力追究。这些也常常成为有些官员攻击政治对手的有力武器。

这是大宋历史上轰动一时的奇葩大案：宋神宗元丰四年（1081）六月，一桩官员通奸案成为京城百姓热议的头条新闻。有人告发：判登闻检院（可直接接受百姓诉讼的最高司法官员）王珫伙同儿子王仲甫与大理寺评事石士端之妻王氏私通。官员的私生活历来是百姓关注的焦点。现在一对官员父子竟然与同一名女人有染，而且这女人还是一位官员的妻子，这自然引起大众的极大兴趣。

负责监察官员日常行为的御史部门跟进，弹劾王珫父子，要求朝廷严惩不贷。宋神宗下旨，由大理寺彻查此案。具体负责此案审理的是大理寺丞王援。王援很快查明了案件真相：王珫父子与王氏私通一事属实。在调查过程中，王援还获得另一条更为火爆的线索。据一个名叫许贵的原告（许贵为什么是原告，与此案有何关系，史料没有提及）交代：宰相王珪的儿子王仲端也与石士端的妻子王氏有染！

或许是认为许贵的供词不可采信，或许是不想扩大事态，王援只向皇帝汇报了关于王珫父子的调查结果，并建议免除王珫一切职务。但宋神宗大约希望维护政坛声誉、减少负面影响，诏令对王珫免除责罚，留用察看。有了皇帝的容忍，王珫便"略无愧耻"，每天若无其事地照常上班，继续大模大样地处理政务。

正义感爆棚的大宋御史们怎能容忍这种禽兽继续霸占高位？御史大夫朱服不停地上书弹劾：王珫"父子同恶，行如禽兽"，这种人怎能位居我大宋的高级官位？必须将他撤职除名，发配到边远地区！

御史们一再坚持，宋神宗不胜其烦。六月二十二日，他终于下诏，将王珫除名罢官，赶回老家。

本来，王珫受到严惩，大快人心，可以就此结案了。但有人看到了打击政敌的大好机会，希望继续深挖关于王仲端的线索。

王援的上司、大理寺少卿朱明之与宰相王珪不和。具体来说，是朱明之的亲家与王珪有矛盾。他们希望利用王仲端与王氏通奸一案，打倒王珪，至少要搞臭王珪。

通过一系列复杂而小心的操作，王援把"王仲端与王氏通奸"的消息传给了舒亶。舒亶是谏院（负责向皇帝进谏、监察官员日常行为）一把手，弹劾官员违规违纪是他职责所在。得知这一消息，舒亶立即向宋神宗上书："王氏通奸案牵连王仲端，但有关部门畏惧观望，不敢深入调查，请求朝廷派人彻查。"王援抓住时机煽风点火，呈报了许贵交代的材料，朱明之也暗中向神宗汇报了有关情况。

此时，宰相王珪觉察到有人要暗算他，便指示儿子王仲端向朝廷申诉，请求查清此案，还他清白。宋神宗一看此事牵连甚大，便下诏让大理寺继续审查，并派出太监冯宗道到现场督察。

七月底，冯宗道向宋神宗汇报：所谓王仲端与王氏通奸，是许贵为了逃避罪责而胡乱攀供的，并无任何证据；王援等人上报的材料，全是伪造。

宋神宗大怒，诏令将此案移交御史台重审。十月，案件终审结果出台：王仲端与王氏通奸案无关，朱明之等人的指控属诬告。

看到结果，宋神宗震怒。这一次他不再像当初处理王玩那般宽容，而是对所有8位涉嫌诬告的官员分别给予撤职、降级、罚款等不同惩罚。其中，大理寺卿崔台符、少卿杨汲，因为没有揭发朱明之等的诬告行为，也被各罚铜20斤。

至此，轰动一时的官员风化案结案了，它影响了一批官员的政治前途。虽然其中夹杂了权力斗争因素，但御史们紧咬不放的劲头充分展现了宋代对官员通奸事件决不姑息的严肃态度。反过来看，这类事件能成为权力斗争的有力武器，也说明它对官员具备足够的杀伤力。欧阳修的例子便是很好的证明。

当年欧阳修因为支持范仲淹新政，被对手造谣其与外甥女通奸，虽然审查结果为诬陷，他还是被朝廷以其他名义贬到偏远地方。欧阳修晚年时再次被政治对手造谣，说其与儿媳通奸。这一次，他实在是百口莫辩；越是解释，看笑话的人越多。他黯然辞职回家。同样是造谣，欧阳修的对手显然比王珪的对手更高明：这类谣言编造得越是离奇、越是莫须有便越好，只要沾上了这类事件，不管真相如何，身陷其中的官员仕途都会受到影响。

大宋法律同样禁止官员与娼妓私通，但一般舆论只视其为无伤风雅的酒后谈资。然而，一旦有人想要严格追究，犯禁的官员也会受到严惩。

"丑男"祖无择就差点栽在这种事上。他曾经和王安石同为知制诰。按惯例，知制诰为升迁的官员草拟任命书可收取润笔费。但王安石这人特别犟，他就是不愿收；别人硬要送，他就将润笔费放进篮子挂到办公室梁上。后来，王安石为母亲守孝离开京城，祖无择趁机取下他挂起来的润笔费，供同事们聚餐用。王安石知道后非常鄙视祖无择，认为其人过于贪婪。宋神宗熙宁初年，王安石成为宰相后，暗示相关部门收集祖无择的罪证。祖无择时任杭州知州，正与官妓薛希涛打得火热。有关人员想以此为突破口整倒祖无择。他们抓了薛希涛，要她亲口承认与知州私通。谁知薛希涛一口咬定她与知州只有工作关系，并无越界行为。办案人员哪肯相信，百般拷打薛希涛，直至将她打死仍一无所获。办案人员无奈，便借口牵涉另一桩贪污案抓捕了祖无择，并最终找到他用公款放贷、坐船奢华的罪证，将其贬到安徽寿州。南宋时，朱熹抓住与官妓私通之事，成功扳倒了唐仲友（见《此生似被前缘误》)，更是历史上一桩著名的公案。

可见，大宋对官员的男女作风问题，无论对方是良家女子还是失足妇女，都可能穷追猛打，而不像对待未婚男女两情相悦那么宽容。

因为对象不同而区别对待，既能超越法律给以宽容，又能严格执法予以追究，这就是大宋文人对待男女关系的态度，既合法又不死板。

大宋文人与官妓的爱恨情仇

提到大宋文人，人们一定会联想到宋词；说到宋词，一定离不开妓女。大宋文人与妓女的关系几乎构成了宋词的发展史。在宋词中，文人与妓女似乎总在缠绵悱恻；在现实中，他们之间的关系却十分复杂，有时甚至残酷。

公元 1182 年（南宋孝宗淳熙九年）的夏天，著名大儒朱熹巡视浙江台州水灾，查得台州知州唐仲友与官妓严蕊关系暧昧。朱熹下令对严蕊百般拷打。严蕊宁死不屈，拒不承认，并留下了一首流传千古的词，其中道："不是爱风尘，似被前缘误。花落花开自有时，总赖东君主。"在宋人笔记中，尤其是明代小说《二刻拍案惊奇》中，唐仲友与严蕊的爱情历经生死考验，显得格外动人。但这个故事并不是真实的历史。大宋时代官员与官妓的情感关系，远比小说复杂得多。

笔记中的唐、严爱情

唐仲友是浙江婺州（今金华）人，26 岁时考取进士，后出任建康府（今南京）二把手，曾上万言书议论时政，被宋孝宗嘉纳，一时名震天下。他还精熟学术，博古通今，当时已有"思想家"之称。

严蕊是唐仲友任台州知州期间台州官妓都行首（首席官妓）。官妓是由政府财政供养的服务人员，其职责是在公务招待活动中活跃气氛、融洽关系、彰显文化。按照规定，她们只能卖艺而不能卖身，尤其不能与官员们有亲密接触。能够入选为官妓的女子，除了色艺双全，还需要善解人意、善于公关。

一个是当世才子，一个是绝代佳人，唐仲友和严蕊在频繁的工作接触中互生好感，渐生情愫，以至于突破禁令，看来是迟早的事。

但是，与所有曲折的才子佳人偶像剧一样，唐、严的爱情剧中也有一个"反派"第三者，此人名叫陈亮。陈亮与唐仲友是婺州老乡，也是个思想家、文学家，名声比唐仲友更为响亮。这个陈亮还是著名的愤青，曾三次因谈论时政而被捕入狱。他当年科举落第后乘醉大骂皇帝，差点脑袋搬家。此人年纪大了才"改邪归正"，51 岁被光宗钦点为状元，但在第二年即去世——这是后话了。

公元 1182 年，40 岁的陈亮前往台州游玩。作为老乡，47 岁的台州知州唐仲友出面接待。接风宴上，台州官妓的歌舞表演给陈亮留下了深刻印象，特别是严蕊的出场更是震撼了陈亮孤独的心。不知陈亮是否清楚唐仲友与严蕊的关系，反正他是坠入情网了。此后他多次借故接近严蕊，并产生了为严蕊脱籍（即赎身）的想法。有一天，陈亮正式向唐仲友提出要替严蕊脱籍。这意味着，陈亮要纳严蕊为妾（士大夫娶妓为妻可能性几乎为零），可以给她一个名分了。无论唐仲友与严蕊的关系如何亲密，如果他没有考虑到要给严蕊名分，便无法拒绝陈亮的请求。唐仲友忍着滔天醋波，当面答应了陈亮。几天后，唐仲友与严蕊私会，似乎漫不经心地问道："你当真要答应陈亮吗？"严蕊默然无语。唐仲友说陈亮穷得吃了上餐没下餐，提醒严蕊："你跟了他，必须要能够忍饥挨冻才行。"此前陈亮似乎曾向严蕊描绘过她进门后的美好生活前景，听了唐仲友的揭露，严蕊一时大窘。此后，陈亮再来拜访，严蕊便对他冷脸相待。

陈亮起初无法理解严蕊为什么突然变脸，后来知道是唐仲友从中作梗，大怒之下便跑到朱熹处告状。朱熹知道唐仲友一直反对理学，便问陈亮："小唐最近有什么惊人言论啊？"陈亮脑子一转，一股恶气冲向胆边，张口就说："唐仲友整天只知道跟官妓们鬼混，狗嘴里也吐不出什么象牙。不过，他提到了您，说您连字都认不全，还怎么当监司？"

朱熹怎能忍受这等侮辱，立即以浙江存在冤狱为借口，请示巡视浙江。巡视到台州，朱熹发现，唐仲友迎接他时态度傲慢，更印证了陈亮的话。他于是抓住唐仲友与官妓鬼混的把柄，令人将严蕊抓进大牢；两个月中一再严刑拷打，逼迫她交代唐仲友的罪证。令朱熹失望的是，虽然一再经受杖刑，几度濒临死亡，严蕊却绝口不提唐仲友的罪行，还义正词严地告诉朱熹："我身为贱妓，即使与知州有私情，按律也不至于死；但世间自有真相，怎能随意污辱士大夫名声？我可以死，但绝不敢诬告他人！"

朝廷见朱熹长期审不出结果，便另派岳霖（岳飞的儿子）重审此案。岳霖接手后，见严蕊弱不禁风，深感同情，简单询问后便释放了严蕊，并判她从良。临去之际，严蕊作词一首以表达无尽的感慨："不是爱风尘，似被前缘误。花落花开自有时，总赖东君主。　　去也终须去，住也如何住！若得山花插满头，莫问奴归处。"

历史上的唐、严关系

小说家笔下的故事与真实历史总是存在着一定的差距。在真实的历史中，朱熹巡视台州只是一次例行公事；他弹劾唐仲友的各项罪名中的确包括与官妓有染，但只是其中无关紧要的一项。

南宋孝宗淳熙八年（1181）七月，浙东路（今浙江省）发生严重水灾。八月，受朝廷委派，朱熹以提举浙东常平茶盐公事身份前往灾区巡视，重点评估浙东受灾状况，考察当地官员履职情况并对不称职者提出弹劾。当年底，朱熹已先后弹劾了一批不法官员。

南宋孝宗淳熙九年（1182）七月初，朱熹继续前往台州巡视。刚进台州境内，朱熹就遇到一批外出逃荒的饥民。询问之下才知道，台州官员不救济灾民还继续催税，饥民无法生存只得外逃求生。一路上，朱熹不断收到各界人士对唐仲友的投诉，于是他就向朝廷连上六道奏章弹劾唐仲友，罪名很多，有些还很严重，包括促限催税（比朝廷要求的时间提前催税）、违法扰民、贪污、蓄养亡命、偷盗官钱、伪造官会（纸币）、与官妓有染等等。

朱熹弹劾唐仲友的各项罪名，多数都有人证物证，基本确有其事，却又情有可原——它是当时官场流行的潜规则，大多数官员都在这么做。有些罪证是唐仲友的政敌刻意网罗的材料。而把与官妓有染和贪污、伪造纸币这样的重罪并列，也是事出有因——与他有染的官妓，包括严蕊，都插手了当地的权力运行。

其他罪行暂且不提，关于唐仲友与严蕊的问题，朱熹的弹劾材料列举得非常详细。唐、严二人在公务接待时经常搂抱调情，酒后公然同宿。每逢休假日，唐仲友回家沐浴，也要带上严蕊等侍候。唐仲友用公款为严蕊等购物，其中一次制作名贵衣物就花费近 70 万文。另有一次，为准备次子的婚礼，唐仲友公款购买了近 400 匹高级布料，公然在政府大院里染色，并按照级别为严蕊等 40 多名官妓量身定做服装，引得"一州惊骇"。

朱熹的弹劾并非无中生有。此前的淳熙九年五月十六日，唐仲友接到朝廷公文，他被提拔为江西提刑官。考虑到即将离开台州，唐仲友连夜与严蕊商议，准备以她年纪已大、不适合继续做官妓为名，为她脱籍赎身。五月二十三日，在还未办理脱籍手续的情况下，唐仲友急急派出"公车"（轿船），将严蕊连同部分公款送回老家婺州。唐仲友在院子里摆上酒席大宴宾客，高调为严蕊钱行。唐仲友敢于不顾议论，公然把严蕊送回老家"包养"，一方面显示出唐仲友胆大妄为，另一方面也显示他与严蕊的确有感情基础。如果没有后来朱熹的巡视，这一对才子佳人或许将终成眷属。一个多月后，朱熹来到台州，打乱了唐仲友和严蕊的原定计划。

朱熹刚到台州，就有人状告唐仲友犯有各种问题，包括指使严蕊插手公务借以牟利。七月中旬，朱熹派人把严蕊从婺州押到台州下辖的黄岩县进行审讯。面对大量的人证、物证，严蕊很快招供了一些违法事实。

严蕊曾打着唐仲友的旗号为自家人谋利。严蕊有个兄弟叫周如（严蕊是艺名，本名周幼芳），在黄岩县做专管征收商税的拦头。南宋时台州正式编制的拦头只有 12 名，其他绝大多数都是临时工。拦头拥有收税的大权，但工作很辛苦，经常要赶路拦截商贩，完不成征收定额还要自己出钱垫付。偏偏周如与顶头上司何承节关系又紧张，时常受到刁难，他想辞职还要被勒索一大笔税金。周如无奈，找到严蕊，请唐仲友出面摆平。唐仲友一听，派人把何承节和周如等一起押到台州；一番讯问之后，当堂判决周如辞去拦头职务，而将何承节关押了数天。

严蕊还曾插手案件收取贿赂。临海县贴司（低级文员）徐新被县府派往官办酒店卖酒，并管理城外的两个小酒店。因为州、县官府都酿酒私卖以补充小金库，导致官办酒店销售困难，徐新常常要自己贴钱抵税。为了摆脱这个职务，徐新托人牵线找到严蕊。事成之后，严蕊收取 4 万余文报酬。宁海县有人私藏、偷娶官妓，事发之后向严蕊行贿 10 万文免去处罚。

八月一日，唐仲友得知严蕊被关押在黄岩，立即派出一队人马杀奔过去，想要抢走严蕊；他们与朱熹的手下大打出手，没能得逞。朱熹听到汇报，怒不可遏，再次向朝廷送呈弹劾信，要求严惩唐仲友。

时任宰相王淮与唐仲友有姻亲关系，接到弹劾信后他轻描淡写地向宋孝宗报告：此事是朱熹与唐仲友"秀才争闲气"。宋孝宗素闻唐仲友推崇眉山苏氏学说而反对朱熹理学，听到王淮的报告也只是一笑而过。为了摆平朱熹，王淮提议，罢免唐仲友刚被提升的江西提刑官一职，改由朱熹接任。这一招极其狠毒：朱熹如果答应，他弹劾唐仲友的目的就变成了争抢官位；如果他不同意，那只能向朝廷提出辞职。朱熹选择辞职，此案也就无人追究了。

唐仲友也要求提前退休，得到朝廷批准。他与严蕊的结局，史料没有提及。想必在无人继续追查下，严蕊最终能够低调地回到唐仲友身边。毕竟，在卸去官职的同时，唐仲友也获得了与官妓谈恋爱的自由。

官员与官妓的爱与恨

严蕊借助唐仲友的权力徇私受贿，让二人的关系蒙上了一层灰色，但二人的感情还是真挚的。事实上，大宋官员与官妓的感情错综复杂，既有真爱，也有深恨。

有的官员喜欢毒打官妓，甚至在其脸上刺字。孟之经在南宋理宗时期曾任岳阳知州，州内有位教授（主政教育）名叫陈诜，进士出身，而行为举止放浪不羁。孟之经鄙视他，却又无可奈何。一日，陈诜趁着夜色爬墙进入官妓宿舍，与江柳密会。孟之经得知此事，心生一计，要趁此羞辱陈诜。几天后，孟之经设宴招待客人，江柳没有按照要求出现在宴会上。孟之经立即派人押来江柳，一番杖打，又在她眉毛和鬓角之间纹上"陈诜"二字，然后将其发配到辰州为奴。辰州距离岳阳800余里，路上需要大量盘缠。江柳的父母找到陈诜，要他筹措经费。陈诜羞愧难当，倾其所有，筹得铜钱100万文，将其中60万文交给江柳，另外40万文塞给押送的吏卒，请他们路上善待江柳。眼看一幕悲剧就要上演，突然峰回路转变成了喜剧。正在此时，一位钦差巡视岳阳，此人与陈诜是旧相识，听说此事当即将其转到另一地任职，同时给江柳赎身除罪。孟之经本来想要打击陈诜，受罪的却是江柳，谁让她是官妓呢？虽然罪名获免，但纹在鬓边眉间的字却是无法清洗了。

南宋四大诗人之一的杨万里也干过这事。那时，杨万里任漳州知州，州里有位教授与官妓有染。杨万里大怒，在官妓脸上刺字并发配边远之地。官妓出发前，杨万里特意让人将她押到教授处辞行，以此羞辱教授。教授请官妓入内，设酒饯别，席间作词一首："鬓边一点似飞鸦，莫把翠钿遮。三年两载，千搊百就，今日天涯。　　杨花又逐东风去，随分落谁家。若还忘得，除非睡起，不照菱花。"意思是：你鬓边那处刺字就像飞鸦一样可爱，无须用钿子将它遮掩。我们一起三年两载，万千体贴，马上要相隔天涯。你如杨花被风无情吹卷，不知将落向谁家？从此之后，你如果想要忘记我，除非每次睡醒之后不照菱花镜（镜子会照出鬓边的刺字）！杨万里听人念完此词，大为惊叹："原来这教授还是一名真正的文士啊！"于是撤回成命，将官妓赠送给教授。又是一个皆大欢喜结局，然而刺字对官妓造成的损伤无法逆转。

还有当时与官妓卿卿我我，一旦高升后便要销毁证据的。张方平是北宋前期著名文臣，他在出任益州（今成都）知州时与官妓陈凤仪亲如鱼水。后来，张方平升任副宰相，王仲仪接任益州知州。张方平临行前修书一封交给王仲仪，请他到达益州后处理自己留给陈凤仪的信笺。王仲仪到达益州，找来陈凤仪，问道："张尚书（张方平）当时对你用情深厚吧？"陈凤仪见问，潸然泪下。再问："他曾经写给你的那些信件，你还留存着吧？"陈凤仪点头。王仲仪让她把旧信全部取来。陈凤仪取出一个锦囊，张方平给她的信件全都收藏在其中，从未示人。王仲仪严肃地告诫陈凤仪："张尚书为人刚正，少有私交，多树仇敌，你不能以这些信件让他声誉蒙污！"说罢，把信件连锦囊一起烧掉了。当年花前月下的两情相悦是真实的，此时它变成可能累及名声的污点也是真实的——官与妓之间的感情就是这么现实而多变。

相比而言，谢希孟是大宋时代的一个异类。谢希孟早年跟随理学大家陆九渊学习，后来也成为较有影响的理学家。他于公元 1184 年（南宋孝宗淳熙十一年）考取进士，但初入仕途就遭遇打击。当时韩侂胄独掌朝政，全力打击异己，把程朱理学定为伪学，把理学学者定为逆党。谢希孟既是理学名家，自然不可能在仕途上有建树。于是，他将大把时间花费在青楼楚馆，与妓女们谈情说爱、谈诗论赋。

在杭州做官期间，谢希孟与一姓陆的妓女常相往来。陆九渊听说此事，责备道："身为士子朝夕与贱娼同行同居，你难道一点儿也不觉得有愧吗？"谢希孟十分恭敬地向老师请罪，表示今后再也不敢了。但转过身，谢希孟依然我行我素。不久，他为陆氏建造了一座鸳鸯楼，供二人朝夕嬉游。陆九渊得知此事，再次严肃批评学生玷污了名教。谢希孟认真地回答老师："我不仅建造了鸳鸯楼，还为此写了一篇文章。"陆九渊一向欣赏谢希孟的文采，追问："文章是怎么写的？"谢希孟当场讲道："自从三国东吴名将陆逊、陆抗，西晋文士陆机、陆云死后，天地英灵之气再也不钟爱世间的男子，而是全部集中到妇人身上。"陆九渊听到这逆天之言，默然无语。

谢希孟声称妇人比男子更有英灵之气，虽是一时戏言，却也振聋发聩。他敢于当面对顶级理学大师说出此话，更需要天大的勇气了。在这种"女优于男"的思想指导下，谢希孟与妓女的交往该是带着更多的平等意识吧。

据野史记载，谢希孟有一天在妓女（未知是否为陆氏）家逗留时，忽然想回老家浙江黄岩，便默然起身，不告而别。妓女追到江边拉住谢希孟，依依不舍。谢希孟见此，取下领巾，在上面题词一首："双桨浪花平，夹岸青山锁，你自归家我自归，说着如何过。　我断不思量，你莫思量我，将你从前待我心，付与他人可。"写罢，谢希孟决然而去。有人称，这首词是世上最绝情的离别词。这还是声称"天地英灵之气，不钟于世之男子，而钟于妇人"的谢希孟吗？大宋文人对妓女的情感千种百样，着实复杂。

大宋文人如何面对另一类女性

宋代文人似乎把他们的女人分成了两类：一类叫作妻子，她们可以朝老公作河东狮吼，可以因老公丑陋而将其休掉；另一类叫作婢妾，她们可以郎情妾意，也可以像件物品转身被卖、被租甚至赠送与人。这两类女人的区别如此之大，以至于让人感觉她们是完全不同的两个物种。

不重生男重生女

兵部侍郎高文虎67岁时迎来了人生的第二春，遇上了约20岁的何氏。高文虎的妻子周氏27年前就已经去世，为了全心照看孩子，始终与孩子保持亲密关系，27年来他没有再娶，也没有纳妾蓄婢，直到何氏出现。

何氏正式进入高府，是公元1200年的正月初九。那一天漫天大雪飞扬，高文虎设宴与众人把酒赏雪，心情极佳。他高声吟诵着前代诗人描写雪花的诗句，顺口为何氏取了一个动听的名字——银花。

银花悉心照看高文虎的日常起居，烧饭煮汤、洗衣缝补、打扫整理，各项家务都亲力亲为，事事操持得井井有条。高文虎年纪大了，身体不佳，咳嗽多痰。他每次生病，银花都亲手熬药，送水喂汤。银花虽是贫穷人家出身，却会多种才艺，能唱 500 多首小调，能弹 60 多套曲子，还能替高文虎检阅资料及书写信札……这更让高文虎对她怜爱有加。

两人的日子过得惬意。银花进府的第二年，高文虎便向朝廷递交辞呈，提前退休，带着她前往徽州过起了游山玩水的神仙生活。高文虎选择退居徽州，一方面是儿子高似孙正担任徽州通判，另一方面徽州离京城杭州不远，风景绝佳，适合文人雅士养性遣怀。高文虎与银花在徽州闲居了将近 3 年。他们流连亭台楼阁，欣赏溪山花草，游遍了徽州。这是他们一生中最快乐的一段日子。十几年之后，高文虎即将走到生命的终点，在回忆与银花共同出游的这段经历时仍欣然感叹道："余甚适也。"那时高文虎已经年近八旬，早已看淡了功名利禄，对生活的最高追求也就是一个"适"字，即舒适、适意。

离开徽州，高文虎带着银花回到老家宁波定居，准备叶落归根。在宁波，他们又一起平静而温馨地生活了 8 年。直到南宋宁宗嘉定三年（1210）八月，高文虎预感到来日无多。他决定在离世之前先给银花安排好后路。他让银花离开高府，找个好人家嫁了。银花不同意，她要一直陪伴高文虎；即使他去世之后，她也要待在高府为他守寡。高文虎非常冷静地拒绝了银花的好意。他劝告银花："一来，你没有名分，为何要给我守寡？二来，我在世时高府的人就对你虎视眈眈，一旦我去世，高府绝不会容你！"

高文虎给了银花一笔钱，狠心将她遣走。想了想他还是不放心：万一自己去世后儿子高似孙要向银花追回款项，以他的权势地位，银花必定陷入困境，甚至面临牢狱之灾。

高文虎于是写下一份证词，详细交代他与银花共同生活的细节以及他付给银花钱款的原因，也细数了儿子高似孙屡次刁难他用钱的举动。证词的最后说："将来如有人嫉妒银花，说三道四，这份文件可以为她作证；倘若有人告状，官府一定要了解事情的前因后果，明察我的本意，垂死之际还要如此唠叨不休，实在是迫不得已。"

高文虎27岁就考中进士，对各类儒家经典融会贯通，号称一代名儒。而他写给银花的这篇证词却浅显通俗、琐细唠叨，字里行间流露出他对银花的满意与宠爱。

然而，这份证词也透露了一个悲凉的事实：银花是高文虎的雇佣侍女，也称雇妾。无论二人如何恩爱情深，她也只是有雇佣期限、按期付费的女子，连妾都算不上，更别说是妻子！

从银花进入高府的第一天起，便注定了她在高府不可能有任何名分，连守寡的资格都没有。

高文虎与银花家人第一次签订雇佣合约，时限是三年，每年佣金10万文，每月另给米一斛（约120斤）。回宁波定居的那一年（公元1203年），正月十五元宵节当晚，全家为高文虎庆贺七十大寿，银花的母亲也应邀到场。宴会结束后，高文虎告诉银花，他们之间的三年合约已经到期，她获得了自由，可以离开高府。银花当着母亲的面，自作主张："我愿意继续服侍您，雇佣费不必增长，每月一斛米也可以不要。"银花的母亲也点头同意，并表示雇佣费可以等到下次合约到期之后再付。

公元1206年春，高文虎与银花的第二个三年雇佣合约又到期了。高文虎动情地对银花说："三年来，你备极勤劳，我把自用的洗漱银器约值百来两银子给你，算是对你的补偿吧。"银花拒绝了这份补偿，愿意继续侍奉高文虎。高文虎当然开心，他让家人去库房里取钱，先把两个合约期的 60 万文雇佣费支付给银花家人。管家却说家库里没有现金。高文虎要卖田庄里储存的 60 石谷子，田庄庄头却说："知府（高似孙）与夫人商量了，家里要增开一个典当铺，这批谷子要做开办费，不敢支作他用。"随后，高似孙当面向高文虎解释："咱家的确要开典当铺，但父亲大人若要用钱，可去家库里随意支用。"高文虎再去家库，回答仍是没有现钱。

好在银花的母亲并不死板，她与高文虎约定：银花继续留在高府，雇佣费仍不上涨，以前的费用也不急着结算。

两年后，又一个合约期即将结束，高文虎提前向儿子摊牌："高府家产是我笔耕所得，并非你高知府置办。银花辛苦服侍我这 70 多岁的老人，别说至今拖欠她 80 万文雇佣费，即使再给她几十万的嫁妆费也不为过。"然后高文虎强行卖掉了田庄的积谷，筹得铜钱 108 万文，全部交给银花的家人。

一晃又是三年过去了，这时高文虎预感到自己即将离开人世。自己在世时，为支付银花的雇佣费就已遭到儿子的再三阻挠；自己去世后，高家人一定会骚扰银花。于是才有那份证词的出现。

共同生活了 11 年之后，他和她分开了。不管双方曾经有过怎样的感情，作为雇妾，银花的命运早已注定。她在倾心付出劳动、情感和身体之后，仍然是一名迟早要离开雇主的临时工！

银花的遭遇并非个案。在宋代，尤其是南宋，中下等家庭受富人雇佣甚至向富人典当妻女，并不鲜见。北宋初期破产家庭向富户典妻卖子的现象，还只是个别家庭的无奈之举。南宋时期，京城杭州一带已形成了这样一种风气：中下等人家不重生男重生女，生下女儿如获至宝，自小便教其才艺，只待女儿成年就以合适的价格雇给文人士大夫。这就给大宋文人们提供了一种获取女人的全新途径——租。纳妾花费较大，不能自由更换；雇妾则完全不同，能以较少的费用更换不同的女人，并享受到比妾更为划算的全方位服务，实在是一举多得。

相对来说，银花还算幸运：她至少得到过雇主的真心宠爱，双方在一起的 11 年生活也算和谐快乐。

同样是女人，比银花更悲惨的大有人在；很多婢妾像物品一样被随意转赠，甚至被主家殴打致死！

一母二名儒

南宋周密在《齐东野语》中记载了一个令人惊奇的故事。

陈俌与潘祖仁是世交老友。二人都出身官宦人家，都在宋神宗朝为官，且官职相当，经常在一起聚餐喝酒。一日，二人又边喝边聊。突然，潘祖仁放下酒杯，长叹一声。陈俌忙问："潘兄何事惆怅？"潘祖仁答："你我二人官职、年龄等各方面基本相似，我只有一事比不上陈兄，深为遗憾啊！"陈俌问是何事，潘祖仁说："陈兄已有三个儿子，我却一个也未曾生得。"陈俌笑道："这有何难！我有一婢女，已为我生育一子，我将她奉借与您，必能为您诞下佳儿。生子后，还我即可。"说罢，就令人将婢女送往潘家。此婢曾为陈俌生育一个儿子，名叫陈瓘。到潘家后，此婢女果真为潘祖仁生下一子，取名潘良贵。陈瓘和潘良贵二人都非常聪明。陈瓘于公元 1079 年（宋神宗元丰二年）考取进士，名列探花；潘良贵于公元 1115 年（宋徽宗政和五年）考取进士，名列榜眼。两人后来都成为大宋名儒。

讲完这个故事，周密深深感叹："一母生二名儒，亦前所未有！"在他看来，把婢女借给另外一个男人生孩子，就像把梯子借给邻居一样，没有任何不妥。

当然，这个故事未必真实。陈瓘出生于公元 1057 年，潘良贵出生于公元 1094 年，二人相隔 37 岁。一个女人的生育年龄跨度长达 37 年，并不多见。更重要的是，陈俨于公元 1086 年去世，即使是在他去世当年才借出婢女，此婢女要在他逝后 8 年才为潘祖仁生下孩子，似乎也于理不合。

然而，不论事情真假，周密对这个故事的态度，大抵代表了大宋文人对于此事的看法——借婢生子没有任何风俗、道德、法律上的不妥。至于被借的婢女有什么感受，根本不是文人们需要考虑的问题。

借婢生子是较为极端的例子，但把婢女、家妓转赠给朋友，在大宋文人中则是常事。南宋孝宗朝副宰相、著名诗人范成大，退休后归隐在家乡苏州的石湖边。一次，著名词人姜夔拜访范成大。姜夔精通音乐，善于自制新曲，住在范府期间他新制了《暗香》《疏影》二曲，范成大甚为喜爱，让府中家妓小红等天天习唱。等姜夔告辞时，范成大就把小红赠送给姜夔。回家途中，船只经过垂虹桥时天降大雪，姜夔诗兴顿起，写下了文学史上著名的诗篇《过垂虹》："自作新词韵最娇，小红低唱我吹箫。曲终过尽松陵路，回首烟波十四桥。"千百年来，读者从此诗中感受到的是一幅男欢女爱、琴瑟和鸣的美好景象，又有谁会去深究那被物品般随手送人的小红此时是什么心境。不久，小红又被姜夔转赠他人，开始了另一段不可预知的命运。

大宋文人其实无须考虑小红的感受，作为妾、婢、家妓，被借或被送，是她们"应得"的命运。

另一类女性

再讲一个更极端的故事。

杨政是南宋高宗时期的名将。他戍守在陕西汉中，闲暇无事喜欢召集幕僚宴饮。一天晚上，李叔永参加杨府聚会，中途离席如厕。杨府广大豪侈，通向厕所的道路曲折往复。李叔永在士兵的引导下，穿过曲折的长廊。走了好一阵，李叔永突然发现长廊的两边墙壁上似乎挂着很多人体画像，凑近细看，画像上没有笔墨痕迹，面部也没有眼耳鼻口等细节。这样的画像共有三十来幅。李叔永大惑不解，询问带路的士兵："这到底是什么东西？"士兵起先吞吞吐吐，前后张望一阵，见没有人来，才低声说道："杨政有姬妾数十人，个个技艺超群，但稍不称意就将其杖杀，然后剥掉她们的皮，把整张人皮钉到这墙上，直到它晾干变硬才取下来扔到水中。您刚才看到的那些，就是晾晒人皮时留下的痕迹！"李叔永顿时吓得尿意全无。

这是南宋副宰相、著名文人洪迈在《夷坚志》中记载的一个故事。事情未必真实可信，但它展示的那种肆意杀妾的现象却绝对真实。

《宋史》记载了更为残暴的"脔婢狂魔"王继勋的事迹。王继勋是宋太祖孝明皇后的弟弟，他不学无术且作恶多端，却一路升官发财。公元966年（宋太祖乾德四年），因率兵在京城抢夺民女，王继勋被解除兵权。快快不乐的王继勋很快找到了一个解闷的方法：脔割家中的奴婢，即一片片切割她们身上的肉来取乐。很多婢女因此被折磨致死。直到一日天降暴雨，王府的围墙倒塌，一群婢女逃到开封府告状，王继勋的恶行才曝光。而宋太祖念及孝明皇后，依然没有惩处王继勋。公元970年，王继勋又被任命为西京府（洛阳）知府。那里远离京城，天高皇帝远，王继勋脔割婢女更加肆无忌惮。为了给王继勋提供足够多的婢女，当地有人做起了中介业务。他们一边物色女子送去王府，一边向王府售卖棺材。一时间，送进王府的女子和拉出王府的棺材络绎不绝。到公元 977 年（宋太宗太平兴国二年），据不完全统计，王继勋已经脔割了 100 多名婢女！宋太宗派人查明王继勋的恶行，将其就地正法，同时斩杀的还有中介的女子 8 人、男子 3 人。如果不是宋太宗即位，王继勋不知还会残害多少婢女！

杨政和王继勋都是武人，文人在记载他们的兽行时自然带着鄙夷的语气。然而，大宋文人中残害婢妾者也大有人在。

宋仁宗至和二年（1055）六月，宰相陈执中因虐待婢女致死而被罢免。

此前，有人状告陈执中的宠妾张氏打死了婢女迎儿。宋代法律规定，婢女与主家是雇佣关系而非主奴关系，主家不得虐待、打杀婢女，否则将会判以流放、监禁的重罪。陈府宠妾杀婢案涉及宰相，朝廷格外关注，将案件交给开封府查办。开封府查验，迎儿死状极惨，确实是虐待致死。同时民间还有传闻，说迎儿有可能是陈执中亲手打死的。查验结果呈报给宋仁宗。陈执中承认，迎儿是他失手打死的。这一下，朝野哗然，台谏官员纷纷弹劾，要求皇帝罢免陈执中。宋仁宗偏袒宰相，将部分弹劾陈执中的官员调到外地任职，并暗示在朝谏官不要太多关注陈家私事。

但大宋"不听话"的官员太多，御史赵抃挖出了陈执中的更多猛料：年仅 13 岁的迎儿遭受殴打，又被剥光衣服、绑住双手、断其饮食，最后是满身鲜血，饿冻而死。陈家另一名婢女海棠，因替迎儿求情叫屈，也被痛打胁迫，上吊自杀。还有一名婢女被剃光头发毒打一顿，忍无可忍下也自缢身亡！

至和元年（1054）十二月，赵抃对陈执中发起猛烈弹劾。他在奏章中愤怒地表示："堂堂相府，一月之内竟然毒打三名婢女致死，无论是宰相亲自动手，还是宠妾残忍施暴，陈执中都难逃其责，必须罢职待罪！"

眼看无法平息御史们的愤怒，宋仁宗只得派人重审此案。其间，有审案人员为迎逢宋仁宗，确认迎儿为陈执中一时愤怒失手打死。按照当时的条例，宰相失手打死婢女有豁免权，无须追罪。结论一出，满朝哗然，欧阳修等人也加入弹劾陈执中的队伍。宋仁宗不胜其烦，于第二年六月罢免陈执中职务，仍保留其宰相待遇。

宋代文人击毙婢女之事屡禁不绝，却并未都依法惩处。镇江人孔端彦于宋神宗熙宁九年（1076）考取进士，出任地方官不久，他就打死了一名婢女。按律是要罢免的，但朝廷念他初犯，只将他降职为冀州司理参军。他却死不悔改，继续施暴，又将一名婢女殴打致死。这一次，朝廷终于撤了他的职，将其发配到袁州（今江西宜春市袁州区）编管（编入当地户口，由官府监管日常行动）。

总之，在大宋文中眼中，确实存在着两个不同物种的女人。那些妓妾婢女，在他们的诗词中时常是情深意切的怜爱对象，在现实中却不过是随时可以用来交换或毒打的物品……让人不胜唏嘘！

酒场篇

酒风即作风，

从某方面看，这话自有道理。

大宋文人酒局的风雅与热烈，

是他们自身境遇与精神世界的真实写照。

大宋酒桌上的政治风向标

唐人豪放，宋人风雅，这从酒桌上也可以略窥一二。当然，大宋酒局并非向来就是雅致的，帝王的酒风变幻是很好的观察窗口。

宋太祖赵匡胤和他创立的大宋帝国似乎注定要与酒结缘。

有个传说：赵匡胤年轻时客游四方，途经睢阳（今商丘），在阏伯庙里独自喝得大醉。醉梦之中有神仙指导他，醒后占卦必灵。就是在这醉而后醒的一卦中，赵匡胤知道了，原来上天给他安排的未来职业是当皇帝。在黄袍加身的前一天晚上，赵匡胤又是大醉而卧；后来被手下人披上黄袍，于半醉半醒下走上自己的新岗位——大宋皇帝。大宋王朝在立国之时就飘着一股酒香，注定了将来的酒事特别多。而大宋各个时代酒局的政治导向又明显有别。

宋太祖的酒局：刀光剑影

宋太祖赵匡胤的一生，既不停血战沙场，又不断叱咤酒场。他跨上战马打天下，又走上酒桌谋天下。赵匡胤夺取江山之后的几桩重大谋略，几乎都是在觥筹交错中完成的。

大宋立国之初，南方和北方都还残存着很多小国。如何征伐这些小国，是摆在赵匡胤面前的头等大事。为此，他经常焦虑得夜不能寐。

公元 960 年冬天的一个晚上，赵匡胤睡不着，就约了弟弟赵匡义一起，冒着狂风大雪去枢密副使赵普家喝酒聊天。赵普清楚"老板"的脾气，见他风雪夜里突然推门而入，并不觉得惊奇。他让妻子烤了肉、温了酒，请赵匡胤兄弟二人坐下，边喝边聊。赵匡胤也不摆谱，对赵普的妻子道一声"嫂子，叨扰了"，就坐下来端起酒杯摆起龙门阵："我最近经常睡不着啊！这卧榻旁边就睡着别人，日子不好过啊！"赵普一边斟酒，一边从容说道："天下大得很呢。现在正是南征北伐的好时机，不知道陛下想先征伐哪边呢？"几壶酒下肚，三人统一了意见：先易后难，先南后北，把最难啃的骨头——北汉放在最后征伐。

而赵匡胤回到宫中，仔细思考一番，还是犹豫不决。几天后，他又在皇宫宴请一帮大臣。酒酣之际，赵匡胤点名宰相魏仁辅来敬酒。魏仁辅忙端起酒杯一溜小跑来到皇帝面前。赵匡胤举杯，靠近魏仁辅耳边轻声说道："朕想亲征北汉，爱卿以为如何？"魏仁辅坚定地回答："欲速则不达。请陛下三思。"赵匡胤微微一笑，最终定下先南后北的统一大计。

按照先南后北、先远后近的方针，宋军征讨南方各国的进程非常顺利。李煜的南唐国是宋军在南方的最后一个征讨对象。对此一战，赵匡胤高度重视。他与赵普先私下就统帅人选商定了意见：以曹彬为主帅，潘美为副帅。第二天，赵匡胤召见曹彬和潘美，告诉他们征讨江南（南唐）的打算。曹彬当即推辞道："臣能力有限，不足以担此重任。"潘美却轻描淡写地表示："江南弹丸之地，足可一举拿下。"赵匡胤人中龙凤，哪能听不出潘美的弦外之音是想抢主帅位子？

赵匡胤与曹、潘二人都有酒场旧事，与曹彬的故事更早一些。还在后周时，曹彬担任周世宗柴荣的亲随，掌管着皇宫的茶酒收支。有一次，赵匡胤酒瘾大发，去向曹彬讨要官酒。曹彬毫不犹豫地拒绝了赵匡胤的请求，却跑到市场自己掏钱买来一坛好酒送给赵匡胤。此事在赵匡胤心中留下了极深的印象：曹彬此人可任大事。从酒场上看，潘美与赵匡胤的私交似乎更好。据小道消息说，赵匡胤经常召集潘美等人到宫中议政，然后纵情饮酒，兴之所至有时会让宫女跳舞助兴。

但是，私交归私交，涉及既定的军国大政，不会轻易更改。赵匡胤既然决定任用曹彬为主帅，一定会维护曹彬的权威。只见他淡淡地对曹彬说道："爱卿不必过谦。所谓大将，如果有权斩杀敢不听令的副将，就不难当了！"一句话既明确了曹彬将拥有的权限，也打消了潘美想要抢位的私心。

为进一步巩固曹彬必胜的信心，赵匡胤又使用了请客喝酒的必杀技。出征前两天晚上，赵匡胤在宫中宴请曹彬。席间，赵匡胤亲自执壶劝酒，旁边还有宫女轻歌曼舞。酒不醉人人自醉啊，曹彬很快就醉倒在椅子上。赵匡胤又让宫女拿冷水给曹彬敷面洗脸。曹彬一个激灵清醒过来，估计脸上还留着宫女手指的粉香。这时候，赵匡胤手扶着曹彬的后背，与他聊起了工作："好好拿下江南吧！它呢，也没啥罪过，就是我容不得它罢了。"这样赤裸裸的思想交流，起到了巨大的激励作用，曹彬顺利完成了拿下南唐国的重任。

大宋建国之后，第二个让赵匡胤头痛的问题是从前和自己一起打江山的那帮兄弟该怎么处理。让他们继续掌管兵权吧，说不定就有第二个黄袍加身的故事上演。虽然自己信得过那帮兄弟，但谁能阻止兄弟们的手下想要立下拥戴新皇的不世之功呢？强硬收回兵权吧，有可能大家反目成仇，五代十国的故事将继续上演。或者，干脆走以前开国帝王大杀功臣的老路子？赵匡胤都不愿意。他有自己独特的解决问题的武器——喝酒。

大宋建国第二年（961）七月九日，下朝之后赵匡胤把京城各卫戍部队的长官留下来喝酒，包括曾一同打江山的石守信、高怀德、王审琦、张令铎等。过去，闲来无事摆个酒局在这帮老弟兄之间是常事。起初，大家仍和以前一样，划拳斗酒，打打闹闹。喝到兴头上，赵匡胤屏退了所有侍从，只留下酒桌上的几位弟兄。大家以为赵匡胤有什么知心话要讲呢，却见老赵把酒杯往桌上一顿，重重叹了一口气，说道："我最近经常睡不着啊！我这卧榻旁边也不安全啊！我这当皇帝还真不如你们当节度使快乐呢！"

"为啥呢？"大家惊讶了。

"你们想啊——谁不想当皇帝呢？"赵匡胤循循善诱，"即使你们不想，哪天你们手下想要立个大功，非给你们身上披件黄袍，你们推辞得掉吗？"

众弟兄一听，才知道这酒局是鸿门宴，顿时觉得脖子后面凉飕飕地直进冷气。大家立马跪倒在地，声泪俱下地请求皇帝指条活路。赵匡胤看这架势，心里有底了。他明示各位："只要交出兵权，朕自会多赏你们良田珍宝。人生苦短，你们可以每天喝喝美酒、看看美女嘛！"第二天，四位弟兄都以生病为由请求皇帝收回兵权。

京城的兵权收回来了，卧榻跟前的危机暂时解除，但戍守在各地的节度使依然各自手握重兵，谁知道哪位会不会某天多喝了两杯就想当皇帝呢？大宋政权还是存在不稳定因素。几年后，随着各路征战相继告捷，赵匡胤觉得可以进一步收回兵权了。于是，他又举办了一次酒会，于推杯换盏间轻松收回了节度使的兵权。来自大宋内部的威胁，至此得到彻底解决。

赵匡胤以酒代刀，免除了封建帝国改朝换代必有的纷争屠杀，为大宋开辟了和平治国之路。酒局对宋初的政局稳定可谓功莫大焉！

宋真宗的酒局：诗书风流

开国皇帝是劳碌命，酒桌上谈论的还是打打杀杀的事儿。当然，在酒桌上谈战争，是为了减少战争或不再战争。宋太宗赵匡义作为大宋第二个皇帝，虽然仍有开疆拓土的使命，但坐在酒桌边谈论军事问题不多了，他有条件整顿酒风了。

公元 984 年（宋太宗雍熙元年）春，皇帝大宴群臣，酒桌上其乐融融。宋太宗酒品实诚，每喝一次都要翻转酒杯让杯底朝上，明示自己的确喝干了。宰相悄声提醒："皇上您可以慢饮。您若如此以身作则，恐怕大家都会趴下，那样就有失君臣体面了。"宋太宗转身对负责纠查酒场礼仪的御史中丞滕中正说："今天咱们君臣相得，若有人偶失礼仪，不必弹劾。"宋太宗生日那天，大臣们办了一桌酒给皇帝祝寿。酒过三巡，宋太宗看着滕中正说："饮酒三杯是酒场的常规，朕想破例与大家多喝一杯，可以吗？"滕中正拎得清，马上答道："这是陛下恩典，我们谨遵指示！"于是大家又满饮一杯。千万别以为宋太宗这是在看御史脸色行事，他是要以推动酒风建设带动作风建设：国家转入和平建设时期，你们可得给我事事守规矩；只有我才可以破例。

正是有了宋太宗奠定的良好基础，宋真宗时的酒局才可以呈现出文质彬彬的风貌。

据说，宋真宗酒量极好，近臣之中无人能与他匹敌。翰林侍读学士李仲容酒量也不错，人送外号"李万回"。宋真宗闲来无事想喝几杯时常常叫李仲容作陪。一天晚上，宋真宗有点馋酒，就叫李仲容下班后过来饮两杯。喝着喝着，宋真宗突然好奇心大发：都说李万回酒量一流，不知道比我如何？今天得试他一试！于是，命人换上大杯，二人开启了一口一杯的牛饮模式。这大杯容量巨大，猛喝了几杯，李仲容就觉得有点上头。趁着还头脑清醒，他赶紧站起身讨饶："请官家撤了这大杯吧，臣实在不胜酒力。"宋真宗也有点醉意，于是命人换回小杯，又趁着酒意问了一个一直想问而又不好意思问的"学术"问题："为什么称天子为官家呢？"在宋代，上至皇室成员，下到平民百姓，提到皇帝都习惯称之为"官家"。李仲容这人平时不言不语，酒一到位，立马头脑灵活。见皇帝发问，李仲容答道："臣记得曹魏时期的蒋济在《万机论》里说过'三皇官天下，五帝家天下'，圣上兼三皇五帝之德，所以称为'官家'。"宋真宗一听大喜，又与李仲容对饮数杯，感叹道："我们真是'君臣千载遇'啊！"李仲容回道：

"臣只有'忠孝一生心'了！"这哪儿是在喝酒，分明是在搞文化建设嘛！

如果说宋太祖时的国策是"以武立国"，宋太宗时开始"以文抑武"，宋真宗时则彻底"以文治国"。宋太祖的著名酒局都以谈论军事为主，宋真宗的酒局则大多是谈文论艺。

宋真宗喜欢伴着鲜花饮酒。每到牡丹花开时节，宋真宗就要组织酒宴。大臣们按照官阶依次坐定。内臣们用金盘捧上各种名贵花朵，整齐地排放在酒桌上，然后帮皇帝和宰相把鲜花插到头上。其他大臣则自己动手戴花。有一天，宋真宗又大宴群臣，正喝得开心，突发奇想，他问众臣："谁知道唐代时酒的价格？"大臣们愣了，心想：官家这试题有点超纲啊，说好的吟诗作对呢？正在众人冥思苦想时，丁谓站起身答道："唐朝时每升酒三十文。"宋真宗奇怪了："你如何得知？"丁谓得意地答道："臣曾读过杜甫的诗'早来就饮一斗酒，恰有三百青铜钱'，一斗三百，正好是一升三十了。"可见，与宋真宗喝酒，要会吟诗作对，还得从诗文中提炼出学问——没有七八斗的高才，还真没胆量坐到他的酒桌边。

宋孝宗的酒局：奢华讲究

南宋偏安东南，只守得半壁江山，但西湖歌舞不休，内宫酒宴不断，其奢华讲究比北宋有过之而无不及。《武林旧事》详细记载了宋孝宗的多场奢华酒宴，从中能隐隐感受到南宋走向灭亡的命运。

孝宗淳熙六年（1179）三月十六日的皇室家宴让人印象深刻。当天，宋孝宗夫妇恭请已退位的太上皇宋高宗夫妇，一起游览西湖边上的聚景园。不久，众人便坐在瑶津西轩喝酒。三杯酒后，歌舞表演登场。孝宗心情大悦，当场奖赏文艺工作者。然后，孝宗亲自捧着玉酒船杯向太上皇敬酒。玉酒船杯，顾名思义，是用美玉制成的船形酒杯。神奇的是，随着杯中酒满，杯上雕刻的各种人物形象活动起来。太上皇大悦，再次向随从赏赐酒食和银两。又几杯后，他们移驾锦壁赏花。锦壁一面临水，三面靠山。孝宗命人在此用名贵的油绢布搭起巨大的帐篷，里面摆满花架，架上放置各种质地的花瓶，包括水晶、玻璃、金瓶和天青汝窑。山坡上种满了各类牡丹，每丛牡丹上都挂着一个象牙牌子，用描金字写着牡丹的品种。随从们从山坡上剪下 1000 朵盛开的牡丹，分别插入瓶中。花架正中间是一张沉香木桌，桌上有一个高 2 尺的白玉碾花商尊，尊内插上"照殿红"牡丹 15 朵。两位皇帝在此小憩，饮上三杯小酒，第二轮赏赐随即发放下去。内宫官员献唱助兴，两位皇帝听着曲子再饮两杯，唱曲人也得到金杯盘、法锦等赏赐。他们继续游玩，边玩边喝，边喝边赏，赏赐的范围也扩大到湖上的小摊小贩，其中一个叫宋五嫂的老妇人获赐金钱 10 文、银钱 100 文、绢 10 匹。直到日暮时分，太上皇微醉，才起驾回宫。

两年后，正月初二，宋孝宗邀请太上皇一起赏玩书画。中午时分，宫内送来酥酒和十样点心。大约一个小时后，二人到凌虚阁饮酒三盏。下午突然天降大雪，太上皇大喜，突然想到民生问题："大雪虽好看，会不会有穷人冻死？"宋孝宗答道："已令有关部门按照去年标准的两倍发放了救济款。"太上皇命令手下去自己的私人金库，按照朝廷拨款数额给京城杭州府送去救济款。然后他们安心赏雪，直到天色微暗，张灯继续饮酒。有文人现场创作《水龙吟·喜雪》一词，宋孝宗读后大喜，赏赐镀金酒器 200 两，绸缎、宫酒各一批。孝宗的皇后也是聪明人，现场让宫女们演唱这首新词，乐得太上皇连连举杯，喝了个大醉才上辇回宫。一首新词的赏赐大约能顶上小半个杭州的救济款吧，南宋帝王的爱民仁心也是让人醉了。

游览、喝酒，差不多成为宋孝宗在位期间日常生活的主旋律。据《宋史》评价，宋代所有皇帝的庙号中，只有仁宗之"仁"和孝宗之"孝"可以无愧于事实。宋孝宗至孝，名不虚传，他在位的大部分时间都用来陪伴太上皇宋高宗吃喝玩乐；尽管北方的金军节节逼近，他们奢华的酒宴却从未停止过，正所谓"酒风熏得官家醉，直把杭州作汴州"。

宋孝宗也会陪群臣喝酒享乐。与大臣们一起喝酒，宋孝宗表现得比较节制。据说，每次宴饮前宋孝宗座侧都会放上 20 根牙签，一半白色，一半绿色。宋孝宗用白色牙签时，宫人只给他斟半杯酒；用绿色牙签时，就把酒杯倒满。每次酒宴，宋孝宗只用绿色牙签两三次。

宋孝宗的酒局中，最有名的一次与"鼻涕饮酒"有关。那次，宋孝宗招饮大臣，宰相王淮在座。王淮患有鼻炎，严重时鼻涕会流到嘴边。这会儿王淮鼻炎发作，他举杯饮皇帝的赐酒时鼻涕如小龙般溜进酒杯，又被他吸了回去。这一幕被坐在王淮下首的吴琚兄弟看得一清二楚。皇帝的赐酒轮到吴琚兄弟了，二人皱着眉头左右为难。宋孝宗看在眼里觉得奇怪，悄声询问贴身随从才知真相，于是令人洗好酒杯再行赐酒。自此之后，皇帝每次赐酒都要重新洗涤酒杯。

酒风即作风，此话大致不假。从大宋几代皇帝的酒风中，大抵能看出那个时代的政治风貌。

大宋君臣之间的"致命"酒事

大宋皇帝爱美酒，大宋臣子自然也喜欢杯中之物。当大家举杯同饮时，总能在其乐融融中拉近君臣之间的距离。但大宋君臣之间也有一些因酒而"相爱相杀"的故事，这更能折射出君臣的性格和相互关系。尤其是那些致命酒事，更能体现君臣之间的相互敬重、容忍以及无奈。

王著醉酒"吓"太祖

王著是宋初的著名酒徒。王著在后汉时考中进士，是名重一时的文人。在后周的官场，王著也算得上春风得意，很快被提拔为翰林学士。世宗柴荣即位后，对王著深为倚重，提到他时从来只称"学士"而不喊姓名。柴荣想让王著继续进步，曾几次想把王著提升为宰相，但都打消了念头。因为王著喝酒实在太无节制，并且每次醉酒都要耍酒疯。因为这一点，直到大宋取代了后周，王著仍没能坐上宰相的宝座。

能让王著在中国酒史上拥有地位的，还是发生在大宋时期的两次花样耍酒疯事件。

应该说，大宋开国皇帝赵匡胤还是非常欣赏王著的。赵匡胤比王著大一岁，二人曾在后周同朝为臣。柴荣去世之前，曾召集赵匡胤和宰相托嘱："我若去世，新帝继位后，须令王著为宰相。"此事应该在赵匡胤心中留下了深刻印象。赵匡胤接过后周政权建立大宋，也接手了原来的人才队伍；王著得到重用，负责起草朝廷的重大机密文件。第二年，王著被任命为当年省试的主考官，成为挑选天下文人的"宗师"，一举奠定了他在大宋文坛和官场的地位。

但王著因为醉酒闹事，屡屡让赵匡胤失望。

王著担任省试主考官不久，赵匡胤又一次大宴群臣。赵匡胤喜欢喝酒，举办宴会的频率很高，基本上每一次都能做到君臣无忌，人人开怀畅饮。赵匡胤的酒宴没有后来君王们那么多规矩，他自己就常常在宴席上喝醉。他曾对身边的近臣说过："朕每次宴会乘兴至醉，往往第二天醒来就会后悔。"赵匡胤带头醉酒，手下的大臣自然也都敞开肚皮喝。问题是，作为文人，王著的醉却属于"武醉"——喝多了就大叫大闹，无所顾忌。有一次，众人正喝得开心，却听到王著突然狂呼大叫。难道是他喝高了一个人"自嗨"？大家仔细一听，立马全都吓出一身冷汗——他居然口口声声叨念后周世宗柴荣！对着当朝皇帝怀念旧朝帝王，说得严重一些，是有谋反嫌疑的。一时间场面极度尴尬，却又没人敢出面制止。谁愿和一个醉鬼讲道理呢？赵匡胤似乎没有受到影响，他微笑着让人把王著扶到外面休息。众人刚把王著扶到屏风后面，王著一下子瘫倒在地，放声痛哭，一把鼻涕一把泪地追忆他和周世宗的亲密往事。赵匡胤强忍怒火，面带微笑，又增派了几个大力士将王著架出皇宫。第二天上朝就有一批言官弹劾王著，说他酒醉思念故主，明显是对新朝不满，须严惩不贷。赵匡胤轻描淡写地说："我和他曾同在旧朝为臣，了解他的为人，他只是醉后胡言罢了；再说，一介书生哭哭旧主，也哭不出什么乱子。"这倒不是假装大度，开国初期的赵匡胤的确有些瞧不起文人。

但两年后的一个冬夜，王著的再次醉酒行为激怒了赵匡胤。当时，王著担任知制诰，替皇帝草拟重要人事任命的机密文件。有时候，皇帝夜里突然想起该调动某位高官了，知制诰就要立即出现在皇帝面前。所以，轮流住在宫中值班也是知制诰的工作。在宫中值夜班是一件非常无聊的差事，为了防止泄露机密，严禁找人聊天；除了读书写字，大部分时间只能独自发呆。那一晚轮到王著在宫中值班。他无心读书写字，独自喝起酒来。作为一个资深酒鬼，王著很容易就把自己灌倒了。醉后的王著乱蹦乱跳，直跳得披头散发，垂散下来的长发遮挡了整个脸部。这时，王著突然想起有事要向赵匡胤汇报。于是他冲向内宫，守门太监听说知制诰深夜要向皇帝汇报工作，不敢细问，更不敢怠慢，立即喊醒了赵匡胤。赵匡胤听说大臣深夜紧急求见，以为朝廷发生了重大变故，急匆匆冲出来；第一眼见到的是一个只有长发、没有脑袋的活物，不由吓了一个激灵。他大着胆子命人拿蜡烛靠近，认出这是满身酒气的王著，明白他又在借酒闹事。赵匡胤憋住满腔怒火，一言不发，转身返回宫中。第二天，赵匡胤以王著几个月前曾经醉酒夜宿娼妓家中为由，免去王著知制诰职务。赵匡胤觉得还不解恨，继续问责："对于王著腐败堕落的行为，御史们为什么没有及时发现及时汇报？御史台主要官员和分管官员各罚两个月工资！"

再后来，赵匡胤还是原谅了王著，又把他调回身边写材料。可惜王著在42岁时就早逝了。

醉酒吓皇帝这事，宋仁宗时的宰相吴育也干过。那是在宋仁宗生日的当晚，群臣备酒祝贺皇帝万寿，吴育表现过于积极，就把自己灌醉了。与王著不同，吴育是文醉，不吵不闹，向后一仰头，坐躺在椅子上沉沉睡去；睡了一阵，被吵闹声惊醒，猛地睁开双眼，一时忘记身在皇宫，习惯性地一边猛敲椅背一边大叫："上茶，老爷我口干！"宋仁宗和身边的大臣们正在谈文论道，听到吴育的吼叫，全都吓了一跳：吴大宰相这是在向谁耍威风啊？这是皇宫，岂容他把这儿当作自己的地盘？第二天，吴育就被罢免。

太宗劝臣莫贪杯

宋初文人中许多是前朝旧臣，苏易简不在此列，他是宋太宗亲自选拔的状元，当年仅23岁，是皇帝要重点培养的对象。因此，即便苏易简和王著一样嗜酒，甚至比他更贪杯，但其官运比王著顺畅；至于命运，因为更贪杯，所以去世得更早。

苏易简29岁时任翰林学士，也得轮流在皇宫值夜班。苏易简嗜酒如命，但在值班期间基本滴酒不沾，而是专心研究各种学问。有一次值班期间，苏易简兴致盎然地研究起南唐国所造的欹器。他一会儿向里注水，一会儿向外倒水，正玩得不亦乐乎，被前来传令的小宦官看见了。小宦官没见过这么神秘的器物，随即向宋太宗汇报。

第二天天亮，宋太宗召见苏易简，随口问道："你昨夜玩的东西，应该是欹器吧？"苏易简忙从袖子里取出欹器呈给皇帝。宋太宗好奇，也玩起来：向里多注一滴水或少注一滴水，这欹器就会歪向一边；只有水量完全合适，它才会不动不摇。苏易简见宋太宗玩得开心，趁机劝谏："皇上治国，如能像这欹器一样不骄不躁、不偏不倚，国家自然会长治久安。"宋太宗对此番话不予置评，却笑着反劝苏易简："如果人的肚子装酒能和这欹器装水一样节制，怎么会沉湎于酒杯而犯错呢？"苏易简先是一愣：自古以来都是臣子劝谏皇帝，哪有被皇帝反劝的呢？想到皇帝的良苦用心，苏易简当场泪流满面，泪水中饱含着激动、惭愧和感激。更为难得的是，过后，宋太宗亲自创作了一篇文章《欹器铭》，并草书《戒酒诗》赠给苏易简，其中两句语重心长："卿若覆杯，朕有何虑？"苏易简收到皇帝专门为他创作的两件文艺作品，再次感动得涕泪横流。他发誓，一定要戒酒。但酒徒的誓言基本上与骗子的赌咒一样，谁信谁交智商税。从此之后，苏易简当着皇帝的面是不喝酒了，但"在私第未尝不醉"（在家日日醉酒）。

宋太宗一直有意重用苏易简。李沆比苏易简晚入翰林院，而先被提拔为宰相。据说，宋太宗为此专门找苏易简谈心："按照老规矩，本来要先提拔你；但朕考虑先让你养福延寿，同时树立你的威望。"野史上说，宋太宗擅长相面，看出苏易简命不长久，所以想压一压他的官运以延长他的寿命。实际情况很可能就像柴荣对待王著一样，怕他在重要岗位上醉酒误事。苏易简嘴上说一切听从安排，但内心极其渴望进步。几年后，趁着为太宗祝寿，苏易简献上了几首诗，其中一句写道："玉堂臣老非仙骨，犹在丹台望泰阶。"尽管文辞风雅，意思却是很明了："我都在翰林院熬成一把老骨头了，却还是没等到提拔啊！"宋太宗细想：这小苏虽然还是青壮年，但资格的确够老，已在翰林院干了七八年，是该动一动了。于是，苏易简在 36 岁那年被提拔为参知政事。

苏易简在副宰相的位子上仅仅干了三年，就因为酗酒误事而被罢免。史料上没有记载他误事的细节，应该与其他宰相们醉酒被免的情况相似。宋太宗的另一位副宰相郭贽，因为前一晚酗酒，第二天上朝时还有醉意以致站立不稳，被当场罢职。宋真宗的宰相张齐贤冬至晚上在家纵酒，第二天上朝时衣冠不整、言辞不清，被御史弹劾而罢职。

因为纵酒无度，苏易简失去了朝思暮想才得到的副宰相宝座，他带着满身失意离开京城，离开了权力中心，先后出任邓州、陈州知州。政治上的失意使得苏易简精神极其抑郁，成天借酒浇愁。仅仅一年之后，苏易简以 39 岁的壮龄病死于陈州任上。死讯传到京城，宋太宗长叹一口气："易简果以酒败，可惜也！"宋太宗的语气里似乎只有可惜而无悲伤。是的，他早已有所预料，且已尽力劝阻苏易简酗酒。既然皇帝苦口婆心的劝告都不能阻止，那么只有死神才能担此重任了。

仁宗赐酒"杀"杜镐

杜镐与王著一样，也是非大宋自身培养提拔的"嫡系"人才。不同的是，杜镐转型非常成功，深得新朝皇帝信赖，且从不出乱子。但由于过于受宠，他也差点因酒丢命。

杜镐曾是南唐国的进士，也是一个学霸型官员。他拥有一个超级大脑，凡是读过的书都能迅速分区储存，写作公文需要查找资料只需告诉手下去找某书某页某行，一找一个准。当时的文人写作时需要引用典故的话都喜欢向他请教，他也不摆架子，无论对方年龄大小、身份高低，他都一样耐心细致地解答。因此，当时文坛、官场都对他印象良好，大家送给他一个外号叫"杜万卷"。

宋真宗即位后不遗余力地提倡文教，当然不会浪费杜镐这样的人才。宋真宗景德元年（1004）初，宋真宗专门为杜镐设置了一个官位——龙图阁待制，让他管理宋太宗留下的图书文章。当年秋天，杜镐跟随宋真宗参加澶渊之战，经历了战争的洗礼后君臣二人关系更加密切了。

有一天，杜镐正在龙图阁值班。宋真宗在内宫里沐浴完，心情大好，命人取来皇宫储藏的上等好酒，独自喝了几杯。他边喝边想：这等好酒该有人分享才更有意思啊！这么想着，他就命人把余酒封装起来，派人送给杜镐。龙图阁在皇宫南面，紧挨着皇帝居住的内宫。酒很快送到。杜镐平时对喝酒不感兴趣，但上班期间皇帝突然赐酒，这意义就非同寻常了，那代表的是皇帝的宠爱和信任啊！杜镐一激动，政治觉悟就爆棚了："皇上不等下班就送来好酒，这分明是指示现在就喝啊！咱不能违背皇上的旨意。"于是他当即打开酒坛，一杯接一杯喝了起来，竟然一口气把酒坛喝了个底朝天。对于一个平时不太喝酒的人，一坛老酒倒进胃中，等于把千万匹烈马关进了一个院子，没人能够阻止它们胡冲乱撞，也不知道它们会撞坏哪个角落。不幸的是，这坛老酒撞到了杜镐的肺病。杜镐有肺栓塞的老毛病。突然大量饮酒引发肺功能不良，脑部供氧瞬间不足，导致杜镐僵倒在地、不省人事。送酒的太监看到好端端一桩喜事就要变成丧事，吓得撒腿狂奔，向宋真宗汇报。宋真宗也吓出一身冷汗：要是出了人命，"皇帝赐酒喝死大臣"的新闻会传遍全国。他疾步奔向龙图阁，并派出两路人马，一路传唤太医，一路去找杜镐的儿子杜津。太医不敢耽搁，几乎和宋真宗同时到达龙图阁。宋真宗亲自调药，让人撬开杜镐的牙关，灌了几勺药汤。杜津也很快赶来，一看父亲这样子，心急如焚。所幸的是，几分钟后杜镐苏醒过来，众人这才松了一口气。

也许是这次差点醉死反倒激发了杜镐对酒的兴趣，据《宋史》记载，杜镐退休之后，招待来访的亲朋时常常要喝上几杯。

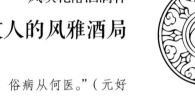

风吹花落酒满杯

大宋文人的风雅酒局

"酒中有胜地，名流所同归。人若不解饮，俗病从何医。"（元好问《后饮酒》）文人认为，酒是精神的良药，可以解愁忧，尤其是困顿官场者更喜欢用酒麻醉自己，以暂时逃避世间各种纷争。大宋文人中的那些精英，面对花丛或者文章举杯的那份淡定从容，本身就是可以医治俗病的。

相饮落花中

公元 1080 年（宋神宗元丰三年），退休整整十年之后，73 岁的范镇从京城开封移居颍昌府（今许昌）。对朝廷来说，这是迁走了一名"危险分子"；但对范镇，只不过把酒杯从一座城市端到了另一座城市。范镇在颍昌府的酒局喝出了足以名垂酒史的新花样。

范镇退休的那一年，是王安石变法的第二个年头。此前，范镇长期担任翰林学士，深得神宗信任。退休前，他的职位是户部侍郎，掌管通进银台司。这个部门手握实权，负责官员上报给皇帝文件的呈送和监督执行。因为不满王安石推行青苗法，范镇四次向宋神宗递交退休辞呈，都被神宗驳回。宋代高级官员退休年龄为 70 岁，此时的范镇只有 63 岁，在高级官员中仍属于壮年。但他实在无法忍受与王安石共立朝堂。在第五封辞呈中，范镇明确指斥王安石变法是推行"残民之术"。王安石读到这封辞职信，愤怒到双手不停颤抖。在他咬牙切齿的劝说下，宋神宗终于批准范镇提前退休。

退休后，范镇起先闲居在开封市东的东园里，日子清静悠闲，整日读书写作。偶尔有客来访，不太爱酒的范镇也摆好酒席，陪大家拉家常、聊八卦，一整天就这么在酒桌边溜走了。有时有老朋友发函邀请他赴宴，他也毫不避讳，一有邀约便欣然前往。有人劝他注意影响："别老跟这帮变法反对派聚会，万一有人酒后说出什么反动话，您这身老骨头经不起折腾。"范镇呵呵一笑道："死生祸福都由天定，我该干吗干吗，不跟天斗！"

公元 1079 年，范镇退休的第九个年头，大宋历史上臭名昭著的文字狱"乌台诗案"爆发。有人诬告反对变法的苏轼写反诗，苏轼被关进专审重大案件的御史台（乌台）。所有写给苏轼的信件被搜集到御史台接受检查，包括范镇与苏轼的大量通信。范镇毫不避讳，反而向皇帝上书，保证苏轼没有谋反之心。这一下激怒了神宗：留你当官你不当，让你退休你不休，就喜欢给我捣乱是吧？罚铜二十斤，赶出京城！

公元 1080 年，73 岁的范镇迁居到颍昌。范镇在院子里搭建了一个巨大的花架，种满荼蘼花，把院子变成一个可以容纳数十人的花厅。每年暮春到初夏，缀满枝头的白色花朵竞相怒放，空气里飘浮着浓郁的花香。趁着花开，范镇在院子里摆上酒桌，邀请新朋旧友来花下饮酒。范镇专门制定了一个风雅的酒令：头顶的花瓣坠落到谁的杯中，谁就满饮一大杯。伴随着大家的欢声笑语，往往一阵微风吹过，头顶的花瓣便如雨点般飘落，每一只酒杯里都会飘浮着一两片白色的花瓣。于是，大家相视大笑，共同举杯，就着花瓣一饮而尽。范镇发明的这种风雅酒会闻名一时，被称为"飞英会"。据说，反对新法的保守派旗帜人物司马光曾专程从洛阳赶到颖昌参加飞英会。被贬居在颖昌的另一位新法反对派人物韩维，更是场场都不错过。

宋人酷爱对花饮酒，留下了许多风雅故事。欧阳修任扬州知州时，在城西蜀冈山上修建了平山堂。每到夏天清晨，欧阳修早早便携酒带客上山。大家在酒桌前落座，从邵伯湖里刚采来的千余朵荷花已经插放在百余个花盆里。大家对花畅饮，喝到兴奋处，便有官妓手持荷花绕桌而行，每经过一人摘掉一片花瓣，最后一瓣到谁身边，谁便满饮一杯。酒香、花香、美人香，在这些醉人的香气里，他们感受不到时间的流逝，往往明月高升到头顶才尽兴而归。

在所有酒局中，飞英会最为人称道。饮者骨子里透出的那种荣辱不惊的淡雅，是大宋文人真正的风骨。

与陌生人对饮

韩维比范镇更早贬居颖昌府。范镇来到颖昌府的第三个年头，即公元1082年（宋神宗元丰五年），韩维已在颖昌知府任上干满了一届。八月的一天，韩维正和范镇等人喝酒听曲，忽然接到朝廷的通知，让他继续留任颖昌府一把手。看到文件，范镇和韩维相视一笑，带着些许落寞和无奈。他们非常清楚，这一纸文件的背后隐含着复杂的政治纷争。

韩维与宋神宗本来应该有着非常良好的私人关系。当初，宋神宗还是颍王的时候，韩维就是颍王邸的旧臣。他为颍王策划了各种卓有成效的行动方案。比如，让他扮演好孝子贤孙角色，缓和了父亲（宋英宗）与祖母（皇太后）的紧张关系，这为颍王日后顺利登基奠定了良好基础。颍王即位成为皇帝（神宗）后，韩维被提拔为翰林学士、开封府知府——这条升迁路线公认为是通向宰相的大道。但随着王安石变法的推进，韩维日益站到变法的对立面。为了将变法进行到底，宋神宗真的可以遇佛杀佛、遇魔除魔，凡是变法路上的障碍都要被无情清理。元丰初年，宋神宗再也无法忍受韩维，将他调出朝廷派去地方任职。神宗还算念旧，让韩维保留待遇，回老家颍昌府担任一把手。在当时，这样安排也算是一种特殊的荣耀和信任。

韩维在颍昌府的日子比较悠闲。工作之余，他主要的娱乐就是喝酒听曲，偶尔批评一下变法。韩维生性平和冲淡，年轻时参加过科举考试，已经通过了省试，但因为父亲韩亿身为宰相，为了避嫌，他放弃殿试，后来也始终不再参加科举考试，一直在家乡闲居到40岁才被朝廷起用。此时被贬回到颍昌府，他已经过了60岁，更是看淡了功名利禄。闲来无事，韩维一天到晚请客吃饭。韩维喝酒并不是为了借酒浇愁，他纯粹是享受饮酒时的氛围。据说，韩维白天喝酒时非常严肃，在酒桌上只谈经论史；晚上喝酒时则比较开放，常常请歌妓劝酒，人人尽欢才罢。韩维从不贪杯，酒宴结束后还将客人送到门外，无论对方身份高低贵贱，都要目送他们一个个上车之后才转身回府。朋友家有两棵古海棠，每到海棠花开，韩维就把酒桌搬到花下，每日对花欢饮，直到海棠花谢。等荼蘼花开，韩维再去参加范镇的飞英会。

就这样，韩维在颍昌府度过了几年时光，直到接到继续留任本职的通知。事实上，之前韩维已经听说了这个消息，还听说了皇帝对他极其负面的评价。高级官员任免前，按照惯例由有关部门草拟一道制书以评价其功过。草拟韩维制书的，是位列"唐宋八大家"的曾巩。宋神宗拿到曾巩草拟的制书，看到全是对韩维的称赞，不禁勃然大怒，愤然批示道："维不知事君之义，朋俗罔上，老不革心"！诏令曾巩罚铜十斤，并重新拟文。皇帝亲笔写下的批语，翻成白话是："韩维根本不懂得事奉君王的道义，只知道和一帮下三烂搞小圈子欺瞒皇帝，真是越老越糊涂！"

韩维留在颍昌，继续喝酒，只是他更多与陌生人对饮了。相比范镇的不管不顾，韩维不想给熟人惹麻烦，让皇帝以为他们搞朋党。

来年初春，花木苏醒，只要天气晴朗，韩维就在颍昌西湖边安放酒桌，摆上十副酒具。府中公事都交给手下人处理，他就在湖上游玩。他派一个手下守候在西湖公园门口，遇到读书人经过，就邀请到酒桌边坐下。酒桌坐满了，韩维也走下船来，与来客举杯共饮。大家边喝边聊，谈些诗词学问；直到日暮时分拱手告别，彼此还不知对方姓名。一个年轻人询问韩维："您老这么喝，是不是要借酒浇胸中块垒啊？"韩维笑答："你还太年轻，不懂人生啊！我老了，谁知道还能经历几个春天？如果定要等来能够对饮者才喝上几杯，还能过几天快乐日子？何况春天不等人啊！"

同一时期，在杭州西湖边有个名叫慎东美的狂士也喜欢找陌生人喝酒。

慎东美是杭州人，在当时的书坛上有点儿名气，喝完酒就爱在人家墙壁上挥笔狂涂。但苏轼批评他的书法比较僵硬，缺少灵气，就像是"篾束枯骨"。有一年八月十五日晚上，慎东美忽然来了兴致，拎起一壶酒、一只酒杯就去钱塘江边观潮。八月半观潮是当地风俗，慎东美到时，江边已经人头攒动。他随便找了人少的沙地盘腿坐下，既不观潮，也不看人，给自己倒满一杯酒，在明晃晃的月光下逍遥自在地独饮。他一边喝酒一边旁若无人地大声唱歌，把沙地变成自己的歌厅。当晚，绍兴士人顾临也来观潮。顾临也算得上是个酒鬼，随身带着酒杯。当他看见人群之外的慎东美正自饮自唱，便走到他对面坐下，也不打招呼，径自拿起慎东美的酒壶给自己倒满一杯。慎东美并不讶异，二人相视一笑，各自举杯。一壶酒喝完，两人站起身来拍拍身上的沙土，微微一拱手，各自转身离开，自始至终不曾交谈一句。

与陌生人对饮，倒也没有畏罪的成分，有的只是大宋文人从魏晋时期继承下来的散淡风度。

诗文下酒

欧阳修喜爱对花饮酒，殊不知有人就喜欢听着他的诗下酒。

在欧阳修的众多诗迷中，梅尧臣是名声最大的一位。梅尧臣被称为宋诗"开山祖师"，与欧阳修并称"欧梅"。梅尧臣与欧阳修是好友，二人每隔一两月就会通信问好。梅尧臣比欧阳修大5岁，却比欧阳修晚了近20年才获得一个赐同进士出身，因此他官运比欧阳修差了很远。后来还是在欧阳修的推荐提携下，梅尧臣才在官场上获得更大升迁。欧阳修的诗迷中，郭功父名气不大，却是比梅尧臣更合格的粉丝，他总是能够第一时间收集到欧阳修的新诗。郭、梅二人经常就有关欧诗的问题做一些交流。

公元 1051 年（宋仁宗皇祐三年）的一天，郭功父拜访梅尧臣，想看看梅大人手里有没有最新流行的欧诗。在郭功父看来，以欧、梅的关系，梅尧臣一定会掌握有关欧诗最新最权威的信息。

郭功父刚到梅家，梅尧臣果然眉飞色舞地告诉郭功父："我刚刚收到永叔的来信，说他最近写了一首新诗《庐山高》，他自己对这首诗非常得意。真难得啊，永叔竟然夸奖自己的诗作了！"话刚说完，梅尧臣突然神色暗淡："可惜我还没见过这首新诗！"

能让欧阳修自己都赞叹的诗，梅尧臣认为郭功父一定也渴望先睹为快。没想到郭功父神色傲娇："梅大人如果想听这首诗，请备酒！"

作为超级粉丝，郭功父已经掌握了这首诗的有关情报：该诗全称为《庐山高赠同年刘中允归南康》，是欧阳修为朋友刘涣辞官归隐而作。据欧阳修的儿子欧阳棐后来回忆说，欧阳修平生少有夸耀自己的创作，只在一次醉酒后得意地对他说："吾《庐山高》，今人莫能为，惟李太白能之。"

听郭功父的口气，他是见过这首新诗了！梅尧臣立即命人备好酒菜。郭功父也不谦让，自斟一杯，一口饮尽，然后亮开嗓子高声吟诵一遍《庐山高》。梅尧臣听罢，呆了一阵，猛拍桌子道："我即使再努力作诗 30 年，也写不出其中一句来！"他神色庄重地斟满一杯酒递给郭功父，请他饮后再次诵读。第二遍朗诵完，梅尧臣自斟一杯默默喝下，抬抬手请郭功父再次朗诵。于是，郭功父一遍又一遍朗诵，梅尧臣一杯接一杯喝酒。其间，二人始终不曾再说别的话。郭功父朗诵了十几遍，梅尧臣饮了十几杯，直到二人都有醉意才拱手作别。

绝世诗文和酒下，在宋人是寻常事，也最能展现宋人的风雅。

梅尧臣的好友苏舜钦（其祖父就是那喝酒致死的副宰相苏易简）

也喜欢用文章下酒。苏舜钦是宋初古文运动的开创者，与梅尧臣往来密切，二人合称"苏梅"。苏舜钦年轻时住在岳父杜衍家里读书。每天晚上，苏舜钦进书房之前都会要求仆人准备一坛好酒，供他边读边饮。有时候，他一个晚上喝酒就要超过一斗。杜衍觉得奇怪：一个人独饮怎么就能喝那么多，这孩子酗酒？或者书房里还有其他人？有一天，杜衍再也忍不住好奇，一定要查看个究竟，但又不好亲自出面，只好派一名仆人从窗缝里偷看。这仆人也读过一些书，他刚走到窗下，就听见苏舜钦正朗声诵读《汉书·张良传》。苏舜钦读到张良行刺秦始皇未中时，猛地一拍桌子，叹息道："真可惜！竟然没打中！"然后他斟满一杯酒再一口喝下。不久，读到张良对刘邦表白"能够与陛下在陈留相遇，实在是天意"，苏舜钦又一次猛拍桌子道："君臣相遇，如此艰难！"他又猛喝了一大杯酒。仆人见此，赶忙向杜衍汇报。杜衍一听，哈哈大笑说："有这样的好东西下酒，喝一斗实在不算多啊！"

"酒霸"寇准们的酒场规则

当酒场与官场相遇，再风雅的大宋文人酒桌也免不了要浸染一些官场习气。

寇准的一生可以用一个字概括——"霸"。

他是"学霸"。19 岁时第一次参加省试，大家觉得他太年轻，劝他把档案上的年龄改大一些，因为宋太宗在殿试时喜欢罢黜年轻的举子。寇准霸气地回道："我寇某正要奋力进取，此时怎么能够欺君呢！"结果他考中进士，排第 35 名。

他是"官霸"。在没有后台背景的情况下，他于 31 岁就官拜同知枢密院事，晋升速度惹人眼红。

他是"霸道总裁"。在宰相的位子上，他硬生生把真宗逼上宋辽战争前线，后来订下澶渊之盟。

他还是一个标准的"酒霸"，不仅酒风霸道，还因为饮酒泄漏政治机密，严重影响了自己的人生道路。

初入酒场

　　宋太宗淳化四年（993）六月的一天傍晚，寇准正常下班回家。半路上突然冲出一个疯子，灵活地避开了卫兵的阻拦，直接冲到寇准马前，跪倒在地，口中高呼"万岁"。在场人员全部吓呆：这一幕若被有心人利用，可是杀头之罪啊！寇准年轻气盛，上进心强，担任谏议大夫期间，见人有错就开足火力猛烈批判，因此得罪了大批同僚。这桩"谋逆"事件，迅速被人汇报给宋太宗。平心而论，宋太宗器量宏大，头脑清醒，是少有的明君，当然不相信寇准会谋反。但他也不能对此视而不见，否则难免会有人模仿，说不定哪天又会出现黄袍加身事件。经过宋太宗一番复杂的操作，寇准和打小报告的政敌被一起罢免。至于那疯子是不是政敌请来的群众演员，没有人追究。

　　当年十月十八日，被免去同知枢密院事的寇准离开京城，前往青州任职。越是一帆风顺的人，越经不起一点风波。这一年寇准33岁，本来应该继续坐着火箭往上蹿，横遭此难，不免心情失落。到达青州之后，寇准没事就借酒浇愁。他是青州一把手，可以用公款请客，酒席上还让官妓唱歌跳舞。他最喜欢看歌妓们跳性感的柘枝舞，经常在酒桌边一坐就是一天。

　　宋太宗把寇准贬到了青州，却还时时惦记着他，经常问途经青州的官员："寇爱卿在那边还开心吗？"来人答："开心！那儿虽然不是京城，也是上等州，他很满意。"过了几天，宋太宗又问身边的人："你们说，寇爱卿在那边还快乐吗？"答："快乐！皇上优待他，给他一个上等州，他怎能不快乐呢！"后来，宋太宗又问了几次，就有人看出苗头了：皇帝这是想重用寇准啊！不能让这个火药桶回来。于是，宋太宗再问时，众人就回答："皇上您天天惦记他，可寇准整天请客喝酒，乐不思蜀，未必还记得皇上啊！"宋太宗被噎得无话可说。

寇准酗酒的习惯可能就是这时候养成的。

霸气侧漏

但是，没有什么能阻挡寇准晋升的步伐。在宋太宗的惦记下，寇准第二年就从青州返回朝廷，并升任副宰相。宋真宗继位后，寇准继续升职，成为宰相。公元 1004 年（景德元年）秋，随着澶渊之盟的签订，宋辽之间长期的战争告一段落，寇准的宰相位子坐得更加稳固，放眼朝廷再没有人可以挑战他的威望。这一年，寇准 44 岁，他的功业达到了巅峰。同时，他在酒桌上的霸气也展露无遗。

天下太平，宰相无事。寇准有大把的时间用来喝酒，他有事没事就招人到寇府喝上几壶。能够坐到他的酒桌边的，都不是一般人物。他喜欢找皇帝的"秘书"班子（翰林学士和知制诰们）作陪。寇准的酒宴有一条特别霸气的规矩：喝到高兴处，仆人会关上大门，谁也别想中途溜走，必须陪寇大人喝到天亮。那些酒量小的，听说寇准请客往往会吓得双腿打颤。公元 1005 年，升任翰林学士不久的李宗谔接到了寇准招饮的请柬。李宗谔学富五车，酒量却很一般，一看请柬就头上冒汗，可上司请客又不能不去。次日早上，李宗谔胆战心惊地坐上马车来到寇府门前。他吩咐仆人守在寇府门外见机行事，然后自己进了寇府。酒宴从上午开始，一直进行到傍晚时分。看见寇府仆人点亮灯笼，早已头昏脑涨的李宗谔立即站起身，准备告辞。寇准指着早已锁上的大门哈哈一笑道："有本事走出去，老夫就放你一马！"李宗谔看看正门，根本不可能出去；再看看旁边的小门，发现门下有一个供狗进出的小洞。与其倒在酒桌上伤身难受，还不如留下笑话保住身体。李宗谔咬咬牙，一抱拳，弯身就从狗洞里爬出寇府，坐上一直等在门外的马车，一溜烟逃回家中。

　　寇准的霸道和李宗谔的狼狈，在朝廷官员们心中留下了深刻印象；6年之后，寇准已经罢相外放到地方为官，真宗仍然记得此事。大中祥符四年（1011）十月二十九日，宋真宗设宴招待丁谓、李宗谔等一帮大臣。喝到傍晚时分，李宗谔已经晕头转向，真宗仍然向李宗谔劝酒。宋真宗的酒量在宋代皇帝中属于一流，没有几个大臣能与他对饮。李宗谔实在喝不动了，便推辞道："臣实在不胜酒力，况且天色已晚，请允许臣先行告退。"真宗微微一笑，也不恼怒，对一个宦官耳语了几句。那宦官笑眯眯走到李宗谔身边，轻声说道："大人放心吧，这里不需要从狗洞里出去。"李宗谔无奈，只能继续陪饮。

　　上司敬酒，不得不喝，这是中国酒文化的核心传统之一，宋代官员自然也不例外。王审琦是和宋太祖赵匡胤一起打天下的旧臣。赵匡胤当了皇帝之后，每次宴请群臣，王审琦都在受邀之列。王审琦酒量极小，每次都再三推辞。宋太祖对此渐生不满，终于有一天他发话了。他先对天祈祷："酒者，天之美禄，你怎能不让王爱卿享受呢？"然后他对王审琦说："老天爷给你酒量了，你喝喝看吧。"说来神奇，王审琦接连喝了几杯，果然觉得并不难喝——皇帝都装神弄鬼了，再不能喝就只有卷铺盖回家！据司马光回忆，他一辈子只见过一个人敢拒绝上司敬酒，那就是王安石。当年，司马光和王安石都是包拯的手下。有一次，办公楼前的牡丹盛开，包拯置酒赏花。酒桌上，面对大名鼎鼎的"包黑子"敬酒，人人端起酒杯一饮而尽，连司马光自觉酒量很小也不敢糊弄。而王安石就很硬气，无论包拯怎么强逼，他从始至终滴酒不沾。

　　寇准知道，自己给手下人敬酒，没人敢推脱。在永兴军时，他还差点让一位副手殉职在酒桌上。大中祥符九年（1016）二月六日，寇准出任永兴军一把手。虽然仍保持宰相的级别不变，但永兴军远在偏僻的西边北疆（办公地点在今西安市），其一把手的权力远远比不上宰相。寇准到任后心情很不愉快，喝酒便又成了他唯一的消遣方式。地方上一切都比不上中央，连酒场人才都极为缺乏。没办法，寇准再也不能挑三拣四，只要能喝两杯的全被他拉到酒桌上。经过一段时间考察，寇准发现有位副手酒量还算不错；于是，无论公款吃喝还是私人请客，每次都拉着这位副手陪酒。过了一阵子，经不起考验的副手病倒了，寇准依然让他支撑病体继续奔赴酒桌。副手的妻子天天晚上见不到丈夫，本来已经满肚子怒气，这下看到丈夫抱病还要陪酒，就直接冲到寇准那里大闹了一场。寇准这种霸道作风很快传遍了整个永兴军，连山野村夫都有所耳闻。据说，有一个特别能喝的道士主动找到寇准拼酒；二人直接拿着酒坛猛灌一阵，寇准败下阵来。此后，其霸道作风才稍有收敛。

化友为敌

　　所谓霸道是以打击别人尊严为基础的，毫无顾忌的霸道常常会把朋友逼成敌人。

宋真宗天禧三年（1019）六月，寇准回到朝廷再次担任宰相，能够陪他喝酒的又是高级官员了。

曹利用是寇准的老部下，也算是亲密战友。当年澶渊之战，朝廷的主战派和主和派争论激烈，曹利用是寇准的坚定支持者。到达前线后，曹利用冒着生命危险深入辽营，经过艰苦谈判为大宋争取了最大利益，才顺利签下了澶渊之盟。寇准再任宰相时，曹利用也荣升枢密副使了。按说，二人的关系应该非常和谐；但因为一次喝酒，二人彻底翻脸。那次，寇准又在家里设宴待客，酒桌上照例是用大杯喝酒。客人们都挺懂规矩，拿起大杯挨个走到寇准身边向他敬酒。接下来是寇准回敬各位，但他坐在原位不动，只是依次举杯示意。轮到向曹利用举杯时，曹利用没有像其他人一样端起酒杯回应。寇准有些不乐意，口气生硬地质问曹利用："老夫向你劝酒，太傅何故不喝？"大宋官场上都习惯于高称对方的官衔，而对寇准来说，称曹利用为太傅（这个虚职的级别高过了宰相）已是难得的客气。曹利用见问，端起酒杯，在嘴前虚晃一下，连嘴唇都没碰上便放下。这种把戏怎能逃得过寇准"酒精考验"的眼睛。他一下子把酒杯砸到桌上，指着曹利用便骂："你这一介匹夫，竟敢糊弄老夫！"曹利用也发飙："我曹某是皇上提拔的枢府官员，你却称为匹夫，咱们明天在皇上面前理论。"说罢拂袖而去。

对于讨好自己的，寇准仍是盛气凌人。寇准再任宰相不久，几年前经他推荐而迅速崛起的丁谓被提拔为副宰相。丁谓一直对寇准感恩戴德、恭敬有加。有次宴会上，大约饮酒过多，寇准喝汤时弄脏了胡须而不自知。坐在对面的丁谓见此，走近寇准，轻轻帮他擦干净了胡须。对于这一明显示好的动作，寇准反而当场笑话道："副宰相是国家的重臣，难道这一职务是用来给上级擦胡须的吗？"（这就是"溜须"典故的来源。）丁谓窘得满脸通红，自此便对寇准怀恨在心。

因酒误事

因为喝酒，寇准亲手断送了自己的政治生命。

宋真宗晚年中风，时而清醒时而糊涂，自己的金口玉言有时转身就忘得干干净净。朝廷大事都交给皇后刘娥处理，刘皇后对国家大事便有了很多自由操作的空间。这使得她与宰相寇准的关系迅速恶化。

刘娥原本是跟着丈夫在街头卖唱的川妹子，一次进入太子府演唱，被太子（宋真宗）一眼看中。刘娥的丈夫刘美（一说是龚美）很知趣，让出了刘娥，二人以（表）兄妹相称。宋真宗即位之后，有了机会便把刘娥扶上了皇后之位。寇准有些看不起刘娥的出身，平时故意对她的旨意有选择性地执行。刘娥前夫的亲戚在老家横行霸道，抢夺别人的盐田，宋真宗知道后不愿追究，寇准却不依不饶加以严惩。寇、刘二人的关系越来越紧张。刘娥拉拢了一批与寇准关系不善的官员，以便随时向寇准摊牌，其中包括丁谓和曹利用。

天禧四年（1020）六月的一天，宋真宗脑袋暂时清醒，与寇准聊起国事。寇准趁机建议：请太子监国，万一皇帝不幸，太子能够掌握政权，国家才不会出乱子。宋真宗知道，以自己的身体状况，如果不尽早明确太子的地位，将极大影响国家稳定，便点头同意了这个建议。寇准立即密召翰林学士杨亿草拟太子监国的诏书。这份诏书属于顶级机密，它一旦发布，将极大限制刘皇后的权力，丁谓等一帮人更是从此要退出政治舞台。

寇准平时没事也要呼朋唤友喝几壶，此时办了一件功垂千秋的大事，更是少不了要以酒助兴。于是，他召集一帮朋友宴集。酒酣耳热之际，寇准志满意得地说："几日之后，朝廷政局将有重大变化。"官场之中谁不是人精，谁不懂这句话背后的深意？这话马上传到丁谓耳中。当晚，丁谓就和曹利用一起乘坐女式马车进宫拜见刘娥，商议对策。次日，丁谓等人抢先向宋真宗告状，说寇准等人为架空皇后制造了太子监国的阴谋。刘娥也在一旁历数寇准对她的各种顶撞。此时宋真宗忘了自己曾经同意让太子监国，听到丁谓和刘娥的控诉，立即剥夺了寇准的宰相职务，并让丁谓上位接替宰相。作为政治斗争的老手，丁谓没给寇准喘息的机会，不久又以"勾结宦官，阴谋废除皇帝、扶立太子"的罪名，把寇准贬往岭南。随后，受到原永兴军部下谋反的牵连，寇准又被贬向海南，最终客死在广东雷州。

寇准，这个大宋酒坛上的一霸，最终毁在酒杯中。

把自己毁在酒中的，寇准不是第一人，也不是最后一位。大臣酗酒在宋代是一种普遍现象，因酒误事的官员也屡见不鲜。

"酒怪"石延年等人的酒醉狂态

酒疯子代代有，常常见。大宋文人要起酒疯来，其创意与这个朝代的文化发达程度倒是极为匹配。

自是京城常醉客

石延年是北宋中期官场最具存在感的官员之一。他有两大特色让人记忆深刻：一、他是大宋顶级段子手，连苏轼也自愧不如；二、他是官场著名的酒疯子，有"酒怪"之称，他喝醉之后连皇帝也要绕道走。

研究石延年，可以发现大宋文人能把酒疯耍到何等境界。

石延年在公元 1019 年（宋真宗天禧三年）的科举考试中本已通过殿试被授予了官服，却因为有人敲登闻鼓控诉考试不公，被褫夺功名追回官服。当时一帮被黜落者都哭得稀里哗啦，唯独石延年大笑而去。此后，石延年运交华盖，屡试不中，直到 13 年之后才在朋友劝说下屈辱地参加特恩试，以芝麻小官踏上了宋仁宗朝的官场。

石延年初到京城为官，便饮遍开封城酒楼，牢牢树立了酒徒的形象。石延年有一个忠实的酒友名叫刘潜，与他酒量相敌，而且生死以之地陪伴石延年辗转各处的酒桌。有一天，二人听说一家王氏酒楼全新开业，便前往尝鲜。二人走进酒楼，便开始对饮，一杯接一杯，一直喝到黄昏，中途没说过一句话。酒楼老板大为惊奇："这二位的酒量绝非常人啊！莫非是酒仙降世？"悄悄奉送几个果盘，连带把酒也换成上等好酒。

事实上，在大宋时代吃闷酒并不奇怪。比石延年小 15 岁的钱明逸说过："吃酒不等于宴席。宴席是十多人聚在一起，喝一杯酒吃一通菜。吃酒则只需三五人，就着一碟盐，一言不发地闷声吃酒；不讲话是为了抑制酒气，不吃菜是为了节约肚皮。宴席之间你劝我让，简直如坐牢狱，还不如无声吃酒来得痛快。"当然也有人持不同意见。南宋时的周辉认为，吃酒的乐趣恰恰在于劝酒和推辞之间的那种气氛，至于来者不拒的豪饮简直是浪费光景。

对于酒楼老板免费赠送的果盘，石延年和刘潜直接忽略，他们一心一意地纯粹吃酒，直到酒楼打烊，才起身拱手告别。老板仔细观察二位，发现他们走路沉稳，脸上也是毫无酒色，不禁在心里赞叹道：真是两位酒仙啊！第二天，王氏酒楼来了两位酒仙的消息就传遍了京城。

石延年初入官场的职务为馆阁校勘，负责给皇家图书馆编辑校对图书，手中没权，袋中无米，一个月的工资收入只够他两三次豪饮。没钱的时候，他只能蹭同事们的酒局。

一次，石延年实在找不到酒喝，便对朋友秘演（诗僧）发牢骚："就我这点工资，喝酒都不能尽兴，同事的酒局也都被我蹭了个遍，咋办呢？"石延年一开口，秘演就知道他的用意，不由得笑道："过两天我带一个酒主来，你不可装清高不接见人家。"秘演是个和尚。宋代的和尚是个特殊职业。首先，要做和尚得向政府购买度牒。一张度牒当时的价格为数十万文；个别地区名额有限，度牒则上涨到百万文一张，黑市的价格则还要高出一倍。度牒在当时可以当硬通货使用，有时候打仗，政府财政紧张，往往给大将几十张度牒抵作军费。岳飞就曾收到过宋高宗支出的 200 道度牒。有钱购买度牒的人不会自己出家，他们一般是找愿意出家且头脑聪明的人替自己出家祈福。因此，宋代大部分和尚的背后都有大金主，和尚也因此具有丰富的社交资源和较强的社交能力。

两天后，秘演陪同捐钱买官的土财主牛监簿来见石延年，还带来十担上等宫廷美酒。这牛监簿应该属于炒房成功人士，每天的房租收入就有数万文。宾主坐定之后，石延年与牛监簿聊起房产情况。牛监簿说："在下有一套别墅在繁台寺旁边，升值潜力很大。"石延年感叹道："好久没去繁台阁眺望京城景致了！"于是约定，过几日由牛监簿备酒，大家前往繁台阁游览。

几天之后是休息日，石延年和秘演依约前往繁台阁。牛监簿事先已在这里备好美酒，摆好全汴京城里最为高档的酒具。石延年见此美景美酒美器，不由酒兴狂发。他与秘演解开衣带，放声高歌，边唱边喝，直喝到夕阳西下，才醉醺醺地说道："此情此景，可以记游！"旁边有人备好了笔墨。石延年抓起一支巨笔，就在墙上空白处写道："石延年曼卿同空门诗友老演登此。"牛监簿见此，立即向石延年深深鞠了一躬，请求道："无名小辈有幸获陪一游，乞望在后挂个微名以留名千古。"石延年已经大醉，拿人手短吃人嘴软，想来想去，没理由拒绝，又在后面添了一行小字："牛某捧砚。"

想想，大宋文人的日子实在逍遥：人家好吃好喝地供奉了整整一天，只给他捎带个名字还觉得自己吃了大亏呢！

常喝常醉，成为石延年在京期间的生活常态。一天，石延年乘马出行，马在街上遇惊跃起。石延年因喝酒过多，反应不及，直直地从马背上坠落在地。随从吓了个半死，赶紧跑过去将他扶起。这时候周边已经聚集了大群围观者。大家都以为石大人要发火了，不料石延年只微微一笑，随口甩出一个段子："幸亏我是石学士；如果是瓦学士，还不给摔碎了？"

石延年嗜酒常醉的名声连宋仁宗也有耳闻。馆阁办公室靠近皇宫大庆殿，夏天学士们经常到殿廊檐下纳凉。有一次，宋仁宗行经大庆殿，远远看见有人醉卧在大殿的台阶上。左右侍从急忙上前，要呵遣这醉汉。宋仁宗一问，得知这人正是石延年，于是摇摇手，示意侍从不用打扰，换条小路绕道而过。

忽为边郡酒狂人

数年后，因为上书要求皇太后刘娥把政权交还给宋仁宗，惹怒了刘娥，石延年被贬到海州（今江苏连云港市海州区）担任通判。

赴任前，石延年与酒友刘潜约定，报到手续完成后即请刘潜移步到海州继续痛饮。半年后，刘潜依约前往海州。到达海州官署，刘潜却被门卫拦住，说是通判大人正在休息，须在大厅等待。刘潜一等就是三个小时，直等得饥肠辘辘，怒火中烧；正要甩手而去，门卫这才通报大人有请。刘潜跟着门卫进去，终于见到了半躺半坐的石延年。石延年看见刘潜进来，并未起身迎接，只是不冷不热地问道："你来干吗？"刘潜回答："依约前来喝酒啊！"石延年并不搭理，又过了半晌才说道："你住在哪儿？还缺什么吗？"见石延年始终这副官腔，刘潜终于忍不住大怒，起身就向外走。石延年一跃而起，从后扯住刘潜的腰带，哈哈大笑道："刘兄，我这身官威做得了通判吧！"不等答复，又笑道："且等我扯掉这身官服，一起吃酒去！"

二人乘坐马车来到海边的一座小楼。小楼大约是石延年的私人会所，楼边江里停泊着一只小船，楼上的酒水器具可以随时从船上补给。二人已有半年之久没在一起喝酒，早已是求酒若渴。头上一轮明月当空，眼前万顷沧江如镜，二人酒兴大发，一壶接一壶喝到半夜。正喝到兴头上，发现酒剩不多了。半夜里也来不及回衙门取酒，再看看船上还有一坛老醋，估计一斗有余，干脆把老醋倒入酒缸，做成"鸡尾酒"，继续畅饮。直到次日天明，二人才算尽兴，而缸里已经酒醋俱尽。

地方官员不像京官那样靠近权力中心，收入却是明显高于京官。除了各种合法的补贴和半合法的灰色收入，朝廷每年还拨给各地政府数十万到数百万不等的招待费，同时还允许各州自行酿酒以供招待使用。地方上的条件如此优越，石延年简直如鱼得水，只要有空，他便"纠集"刘潜、苏舜钦等一帮酒友狂喝滥饮。时间一久，正常形式的酒局已经不能满足石延年对酒精的狂想，于是，他们发明了一系列脑洞大开的饮酒方法：

鬼饮——晚上不点灯，与客人无声对饮，影影绰绰中各自望向对方都似鬼影一般。

了饮——一边高唱着哀悼死者的挽歌，一边痛哭流涕地喝酒。

囚饮——摘掉帽子、发簪，披散着头发；脱掉鞋子、袜子，裸露着双脚；找来监狱的枷锁，各自戴在身上，如死囚奔赴法场前的最后酒局。

鳖饮——将茅席做成龟壳捆绑在身上，喝酒时便伸长脖子露出头来，喝完就把头缩回壳内。

巢饮（鹤饮）——酒席设在树下，轮到谁喝酒，谁就爬一次树。

石延年这种荒诞不经的做派很快震动了大宋官场，再次引起了宋仁宗的关注。

石延年很早就以诗闻名于大宋文坛，时人把石延年之诗、欧阳修之文、杜默之歌并称为"三豪"。而他科场失利，不得不以特恩科考试接受了朝廷的"怜悯"；这对内心骄傲的大宋文人来说，必将是一生抹不去的污点与伤痛。在京城时，石延年用饮酒宣泄他怀才不遇的失意，行为还在正常范围。到地方上任之后，他为何一下子如此激烈反常呢？很可能是与他和一把手关系不顺有关。通判最初是朝廷派往地方监督制约当地一把手的官员，同时很多方面要接受一把手的领导，因此要理顺二者关系需要极大的官场智慧。尤其是以特恩科起家的通判，既要认可知州的权力，又要维护自尊，难度不是一般的大。时隔半年再见酒友，还要拿捏一番官威，大约就是这种心理的体现。

经过地方几年任职的历练，石延年被召回朝廷，成为宋仁宗身边的近臣。宋仁宗非常看中石延年的才学，亲自找他谈话，劝勉他戒掉酗酒的习惯。石延年深为感动，决心痛改前非。他也说到做到，从此滴酒不沾。但过于急切的戒酒行为反而更快地损害了他的健康。公元 1041 年，石延年急匆匆地走完了人生历程，年仅 47 岁。在他去世之后，苏舜钦、欧阳修、苏轼等文坛大佬都作文纪念，也算是备极哀荣了。

再说刘潜。有一次，他正在与石延年喝酒，得到母亲突发重病的消息，急忙从酒桌上起身奔赴老家。到家之时，母亲已经去世。刘潜在灵前痛哭一夜，因伤心过度而当场暴毙。

刘潜与石延年，这一对酒友，大约觉得人间的酒局已经无法再玩出什么新花样，于是结伴又去天堂组局对饮了。

不辞烂醉樽前倒

石延年去世两百多年后，南宋的"酒狂"潘牥也因酒而死。

从个人命运来说，潘牥在各方面都比石延年优越。首先，潘牥是位大帅哥，时人称"潘郎"；其次，他科举道路非常顺利，30 岁时考中探花。不幸的是，潘牥生活在大宋帝国走向谢幕的宋理宗时期。其实，从南宋立朝开始，北宋养育了 160 多年的文人精神就迅速走向崩塌，溜须拍马、计较得失逐渐成为官场主流，少数敢于直言的士大夫必须接受官场的坎坷。

潘牥在殿试的策论文章中毫不避讳地戳到宋理宗最敏感的痛处。宋理宗并不是上一任皇帝宋宁宗的儿子。宋宁宗因亲生儿子全都夭折，便将侄子赵竑过继来并立为皇储，同时将另一个侄子赵与莒（后改名赵昀）接到皇宫居住。后来赵竑得罪权臣史弥远被贬为济王，赵昀被拥立为帝，他就是宋理宗。不久，史弥远怂恿宋理宗把济王贬到湖州。济王贬居湖州期间，一群水盗谋反，为了拉扯大旗，他们强行立济王为皇帝。济王一面偷偷向朝廷告发，一面自己组织人力平定了叛乱。此举让史弥远集团心惊胆战，他们很快找借口赐死了济王。潘牥在殿试的策论文章中直接指斥皇帝对手足骨肉（济王）关系处理不当，导致国人痛心、邻国轻视。史称，潘牥的策论文章在数百人中"语最直"，激怒了当权者，以致御史要把他作为逆贼处理。这为他日后仕途不顺播下了种子。

正因为当权者对他不满，潘牥一直游离在大宋权力圈的边缘。在给福建路（"路"为宋时地方区划名）官员掌管机要文件的岗位上，潘牥时常喝得大醉。每次醉后，他都要骑着黄牛高声吟唱着《离骚》招摇过市，引得市民争相观看，以为是仙人降世。作为少年成名的诗人，集合一帮诗友饮酒作诗是本色当行，而潘牥的诗会更像是一场行为艺术。他曾与诗友们一起在城南的南雪亭下聚会。南雪亭四周种满了白梅。正值梅花怒放，微风一吹，花瓣漫天飘舞，众人衣服上落满花瓣，远远看去就像覆盖了一层厚实的白雪。潘牥与诗友们就饮于梅花之下。喝到痛快处，众人全都脱去外套，扔掉帽子，大声啸叫。等到酒酣客散，诗友们拱手道别时才发现，每个人的衣服上都被人用浓墨大字题写了一首新诗。不久，他们一帮诗友又在瀑泉亭饮酒聚会。有人提议："谁能把头伸在瀑布下而吟唱不停，大家就拜他做老大。"潘牥正好酒气上头，在晚春的寒气中脱去衣帽，赤裸裸地站在流泉下面，一边经受冰冷的瀑布冲击，一边高声吟唱《濯缨》诗句。一班诗友见此情景都鼓掌狂呼甘拜下风，提出各种烧脑的问题要他回答。潘牥毫不迟疑，应答如流。然而，平时手无缚鸡之力的一介书生，怎么禁得起这番寒风和冷水的折磨？酒后回家，潘坊就因严重感冒而卧床不起，很快一命呜呼，死时年仅 43 岁。在他去世 35 年后，南宋已亡两年了，诗人郑思肖回忆宋理宗时期的各类人才，提到 24 位名臣，潘坊就名列其中。

如果说石延年纵酒是个人命运不济引起的借酒浇愁，那么潘坊纵酒是国运衰败引起的借酒消恨。无论是因为个人前程的坎坷，还是因为国家前途的衰败，酒都是大宋狂士浇灭心头块垒的良药，他们甚至不惧获得"酒狂"的名声，不惜付出生命的代价。

文场篇

作为文人，文章是其立命之本，

是其生命价值的体现。

大宋文坛有无数精彩绝伦的故事，

这里只记录几个与"立命"有关的。

大宋士人文章的经济价值

除了敲开科举的大门，宋代文人的诗文还有多少经济价值？

欧阳修的"负"版税

欧阳修是大宋王朝数一数二的顶级文豪。对于这样一位具有巨大影响力的大家，如果使用他的文章获利，那要付给他多少版权费？

有据可查的，利用欧阳修文章获利的事例有这么几件：一是欧阳修当年考中省元的文章被刻印售卖；二是欧阳修写的《石曼卿墓表》被刻石出售；三是欧阳修的名作《醉翁亭记》被刻石拓印获利。

公元1041年，石延年（字曼卿）因急切戒酒而殒命。得知此事，欧阳修沉痛地写下了《石曼卿墓表》一文。把《墓表》刻石立碑，由石延年的另一位朋友秘演操办，他请苏舜钦书写墓表。

刻碑之前，欧阳修和苏舜钦叮嘱秘演："石碑刻成后，不可让人拓印。"秘演满口答应。几天后，欧阳修去定力院小坐，却发现桌上摆放着《石曼卿墓表》的拓片。欧阳修问庙里和尚："这拓片从何而来？"和尚回答："半贯钱买的。"

明明答应不让人拓印，转眼就用它牟利了！欧阳修一肚子闷气，回头找到秘演，劈头盖脸骂道："你有没有记性？半贯钱就把我的文章卖给庸人，怎就这般没有见识？"秘演一向善于插科打诨，他不急不慢地答道："学士这次已多得383文了。"欧阳修更加恼怒："难道我的文章这么不值钱？！"秘演轻轻一笑："您难道忘记当年中省元时有人公然在街上喊叫'两文钱买欧阳省元赋啦'？如今您一张碑文拓片就卖到半贯钱，可比当年贵多啦！"

听了秘演的解释，欧阳修展颜一笑。他清楚地记得，那年（公元1030年）的正月，在礼部举办的省试中夺得第一名成为省元，一时间名满京城。有一天，他走在街上，突然听到有人高声喊叫："快来买欧阳省元的新赋啊！两文钱一份，刚刚刻印的省元新赋！"那一瞬间，他才具体感受到什么叫成名了——原来成名后的文章是可以卖钱的！那时候叫卖文章两文一份也让他满心欢喜。现在一篇碑文的拓片就可以卖到半贯（一贯钱应该是1000文，但因铜的产量有限，宋朝的一贯钱经常缩水为七七折，半贯就是385文），还有什么可抱怨的呢？

见欧阳修不再生气，秘演又语气严肃地对欧阳修说道："好友曼卿不幸早逝，您的大作可让他与日月同辉；如果允许穷人拓碑售卖，又能救济他们，难道不是好事吗？"欧阳修点头应允。

欧阳修的《醉翁亭记》则三次被人刻为石碑。

《醉翁亭记》的创作比《石曼卿墓表》晚了5年，即公元1046年。两年后，书法家陈知明就用楷书书写《醉翁亭记》，并刻石竖碑立在醉翁亭内。此次刻碑产生了良好的传播效应和经济效益。碑成之后，四方民众争相前来拓印碑文。这让醉翁亭旁边的一座寺庙既喜又忧：喜的是，拓碑者会顺便在庙里烧香布施，寺庙收入大增；忧的是拓碑人实在太多，他们大多没带拓碑的毡布，就向庙里讨要。庙中库存很快用光，他们就偷剪和尚睡觉的毛毡。一个和尚曾问拓碑者："你们为什么这么喜欢这拓片？"拓碑者满脸笑意地回答："我们都是做些小生意的，经过税卡时送一幅拓片给税官就可以免税呢！"《醉翁亭记》产生了良好的经济效益，但与欧阳修本人无关——他没有拿到一文钱版税。

第二次拓片与欧阳修有了经济关系，不过不是别人给他版税，而是他给别人送礼。

公元 1062 年（宋仁宗嘉祐七年）的一天，时任副宰相的欧阳修收到著名书法家、山东费县知县苏唐卿的一封来信。苏唐卿向欧阳修报告，他用小篆写了一幅《醉翁亭记》并刻石立于县府大院内，现附上碑文拓片请欧阳修指正。欧阳修非常开心，他回信说："有你的书法加持，醉翁亭更能流传不朽，我的文章也会更为闻名。"他还让送信人给苏唐卿带去两份礼物——龙尾砚一枚，凤茶一斤。

千万别以为这是两样平常物品，事实上它们都可以被称为珍宝。龙尾砚是宋代的贡品，专供皇室使用，当时的文人把它和南唐后主李煜制的澄心堂纸、李廷珪制的墨并称为"天下冠"。凤茶也是贡品，高级官员才有机会品尝，普通文人则难得一见。

苏唐卿刻碑产生的效应如何，史料没有记载。大概没有太多人拓印，毕竟篆书的受众面较小。总而言之，欧阳修的文章被人使用，他不仅没有收到版权费，反而向人赠送了厚礼。宋代文人似乎就这样缺乏版权意识。

《醉翁亭记》第三次刻碑是在欧阳修去世之后。这次写碑的是苏轼。由大宋最著名文人亲自出手，新版《醉翁亭记》石刻一出，立即风靡天下；几乎每个读书人家中都会收藏一张拓片，《醉翁亭记》也真正成为家喻户晓的名篇。只是此次刻碑无论有没有经济效益，都与逝者欧阳修无关了。

对大宋文人来说，扬名和谋利同样重要。对于能够帮自己扬名的举动，他们不仅不收"版权费"，反而会主动支付"广告费"。

宋仁宗时期，诗人王逵担任福州知州。有一天，他察看市容，远远看到有家酒楼新挂了一个醒目的酒帘，稍稍走近，看清酒帘上写着两句诗："下临广陌三条阔，斜倚危楼百尺高。"这不正是他的诗作《咏酒旗》中的两句嘛！王逵按捺住内心的得意，问酒楼前卖酒的老太太："知道这酒帘上两句诗是谁写的吗？"老太太如实答道："老妇不知。有位读书人说，这是一位大诗人的名作，让我写在酒帘上，说会有人给我几万文钱。""这位读书人倒有见识！"王逵哈哈大笑道，让随从送给老妇 5000 文钱——这又是一位花钱为自己扬名的文人。

公职文字有天价

大宋顶级文人的文艺创作并不都是赔本赚吆喝，他们的公职文章可以卖出天价。

欧阳修写《石曼卿墓表》没有得到一文报酬，但写王旦的碑文获得了巨额的润笔（稿酬）。

王旦是宋真宗朝的宰相，他气量宏大，不争不抢，皇帝信任他，群臣敬重他。但他一生有个亏欠。宋真宗为树立自己的威望，编造天降神书故事，大批官员紧跟其后，伪造各种祥瑞；紧接着，宋真宗封禅泰山，建造寺庙，又耗空了国库。作为宰相，王旦应该团结其他正直大臣，反对宋真宗的造神运动；但他明哲保身，无所作为，最终官场假话盛行、风气败坏。此事成为王旦埋在心底的隐痛，也是他个人履历上的污点。

宰相级别的高官去世后一定得找人撰写碑文。碑文是官员一生的总结，是盖棺论定，要流传万世的。找谁写碑文、怎么写碑文，既关系个人身誉，又关乎家族荣辱。

宋仁宗至和二年（1055）七月，王旦去世38年之后，他的三儿子王素（字仲义）才请求宋仁宗，由朝廷委派文臣为王旦撰写碑文。宋仁宗钦点时任集贤殿修撰欧阳修来写。由欧阳修撰文，王素满心欢喜又忐忑不安——他不知道欧阳修是否会记录父亲的历史污点。为尊者讳，为死者讳，一般的碑文不会写上个人糗史；但也有刚直文臣喜欢秉笔直书，还有人扬言要秉笔直书以敲诈更多润笔的。

欧阳修很快完成了任务。王素读完父亲的碑文，禁不住涕泪横流：欧阳修高度赞扬了王旦的伟大一生，只字未提迎接天书、封禅泰山之事！

请人撰写墓碑，必须奉上一笔润笔费，钱多少不定，送什么随意。王素重金购买了十副金制的酒盘、酒盏和两把金酒壶，恭恭敬敬地送到欧阳修的府邸。欧阳修看了一眼王素送来的润笔，委婉地拒绝道："酒器我家不缺，我倒是缺捧酒器的人。"王素一听，满脸羞红：送礼没有送到人心坎上啊！他回家又迅速花费100万文买来两个漂亮的侍女。几天后，王素带着酒器和侍女再次来到欧阳修的府邸。欧阳修看到送上门来的美女，吃了一惊，马上想起缘由，只得诚恳地道歉："罪过罪过，上次纯粹是戏言！"于是他收下酒器，拒绝了美女。

作为大宋顶级文人，欧阳修写碑志的订单非常多，润笔费惊人。为宰相程琳撰写墓志，欧阳修得到的润笔高达白银5000两，约合铜钱500万文。当年一个大县知县每月的薪酬约为2万文，这篇墓志的润笔抵得上一个县令20多年的薪酬！当时集贤殿有位前辈叫陆经，是个书法家，因为犯事落职，生活窘迫。有一阵子，为了救济陆经，欧阳修每次接到撰写墓志的请求，都先与人约定墓志上碑刻石的书法需请陆经书写。陆经也因此过起了好日子。

润笔不是宋代文人的发明。据史料记载，东汉的蔡邕已经靠润笔致富，唐代的韩愈也靠润笔获利丰厚。而文官草拟官方文件收取润笔，在宋代才成为正式制度，朝廷为此专门颁布了文件。宋太宗就曾规定：中书舍人、知制诰、翰林学士等官员，凡是草拟正四品以上高级官员任命的文件（草制）都可以收取润笔，并且按照授命官员的品级高低制订了价格表，刻石立于舍人院里。历史上，文人文字的经济价值第一次有了官方给出的明码标价。

以"神童"起家的杨亿，在宋真宗时先后担任知制诰和翰林学士。杨亿文笔优异，经他草拟的任命文件都能为新授职的官员增光添彩，因此大家都希望由他为自己草制。很多即将升职的大员专门等到杨亿值班时才乞请朝廷为自己颁布任命文件。寇准拜相时的任命文件就是由杨亿草拟的。文件中称寇准"能断大事，不拘小节；有干将之器，不露锋芒；怀照物之明，而能包纳"。寇准听后大喜，感觉杨亿恰好说出了自己心中所想，除了按照标准奉送润笔，还额外送上白银 100 两（约合铜钱 10 万文）。按照规定，谁草拟文件就由谁收取润笔。这样一来，杨亿草拟文件最多，获得的润笔也就远远超过他人。这实在是一笔巨大的收入，杨亿觉得不太妥当。他以有伤廉洁公正为由向朝廷提出建议："不论是谁草制，获得的润笔都按照级别由同事们均分。"自此，润笔均分成为正式制度。

不仅大臣拜官后要向草制的词臣奉送润笔，后妃、皇子升阶时更不能落后。公元 1099 年（元符二年），宋哲宗决定立刘贵妃为皇后。九月七日晚，翰林学士蒋之奇在皇宫值班，草拟了相关文件。第二天正式宣布后，宫中送去丰厚的润笔。南宋孝宗后期，翰林学士草拟妃子、宰相等职的任命文件，润笔是牌子金 100 两，草拟皇后、皇储的任命文件润笔翻倍。

也有人想做老赖，不愿送上润笔。据欧阳修回忆，在宋仁宗时期围绕润笔出现过不体面现象。一些应该奉送润笔的官员们很不自觉，常常不送。学士院、舍人院发现有该收的润笔未被送来，会主动发公函索要，或者派勤杂工上门催讨。原本的文人雅事至此变成了官方认可的金钱交易。

直到元丰改制，宋神宗废弃新任高官必须支付润笔的老政策，作为补偿，同时给草拟文件的官员增加津贴。至于有人愿意私下支付润笔，纯粹是个人自由。大宋文人文字的经济价值以政府津贴的形式体现，不再那么赤裸裸了。

当然，能够获取润笔的，只是文人中极少数的成功者；大部分文人，尤其是未能进入仕途的文人，其经济生活是另一副光景。

大宋文人的版权纠纷

大宋文人绝不是人们想象中的书呆子，他们并不耻于谈利。在尽可能的范围内，他们还是非常在意自己的版权的。

面对"文偷公"的无奈

宋仁宗庆历二年（1042）十月，36岁的欧阳修调任滑州（今河南滑县）通判。到任不久，他接到前同事宋祁的来信，信中说："有位朝廷大官（副宰相以上）甚是喜欢你的文章，让我向你索取新作，请尽快抄寄几篇过来。"欧阳修欣然应允。他挑选了近两年来的10篇得意作品，端端正正抄录好，请送信人带回京城。当时欧阳修颇有文名，但因为性格耿直，曾经冲撞过宰相吕夷简，入仕十多年还一直在县令、推官这类七品的低级职位上徘徊不进。直到近两年才略有起色，也只是六品的通判。如果有朝廷大佬因激赏其文采而对他施以援手，何乐而不为呢？宋祁和欧阳修都抱有这样的想法。但很快，他们的这个想法落空了。

一个月后，宋祁给欧阳修寄来了第二封书信。信中说："那位大官读了你的近作，认为格调比以前有所退步，不太喜欢。"欧阳修轻轻一笑，并没有放在心上。年轻时的欧阳修写过不少传唱一时的绮情艳词，比如《望江南》："江南蝶，斜日一双双。身似何郎全傅粉，心如韩寿爱偷香。天赋与轻狂。　微雨后，薄翅腻烟光。才伴游蜂来小院，又随飞絮过东墙。长是为花忙。"词作写的是蝴蝶，但大家都认为是欧阳修的风流自况。那位大官如果以此认定欧阳修的文章也是格调低下，那他无话可说，也无须解释。

诗无达诂，文无达铨。文章再好，也不可能让所有人都给你点赞，若不喜欢随手扔掉就是。欧阳修以为这事就此结束了。但不久之后，他偶然知道那10篇文章的下落，不禁满腔愤懑而又无可奈何。

庆历三年（1043）三月，欧阳修被朝廷召回，年底升任知制诰。工作之余，欧阳修多次听到同事夸奖一个名叫丘良孙的人，说他的文章写得极好，还受到一位高官的极力称赞。听得次数多了，欧阳修感到不安：我以前怎么从来没有听说过丘良孙此人，难道自己与文坛如此疏离了吗？

欧阳修设法找来丘良孙被人称赞的文章。仅仅扫了一眼，他大吃一惊：这不是某位大官向自己索去拜读的那些文章吗？欧阳修稍稍一想，就明白其中玄妙——他们是合伙骗取他的文章去追名逐利的！堂堂的宰相级高官竟然给"文偷公"充当掮客，实在是有辱斯文！他们以为欧阳修不在京城就不会被曝光，没想到欧阳修这么快就调回了朝廷！然而，欧阳修虽然气愤，却也无可奈何。他又没有对这些文章申请版权保护，怎么证明它们是自己的作品？何况，大家同朝为官，也不便为了几篇文章就撕破脸皮。再者，在大宋，这种事其实并不少见，以至于皇帝发诏书严加申饬，仍是屡禁不止。

早在这50多年前，即公元987年，宋太宗就发出过诏告："近年多有诈取他人文章，装饰自己名声，以此骗人谋取进身之计者……今后如有请人代作文章以应举者，允许告发，一旦发现，永不得进入仕途。"宋太宗诏书明令禁止两种行为，即"诈取他人文章"和"请人代作文章"，对其惩处也不可谓不严厉。即便如此，"诈取他人文章"行为50年来并未断绝，可见"文偷公"在宋代是一种顽强的存在。

欧阳修苦笑一声，将此事扔到脑后不再去想。一年后，因为支持庆历新政，欧阳修又被赶出京城，出任河北都转运按察使。没想到，欧阳修离京不久，"文偷公"丘良孙又开始活动了。

都转运按察使的工作主要是考核当地官员的吏治情况，离京后想获知朝廷的消息，主要借助朝廷偶尔发来的邸报。这天，欧阳修翻阅邸报，看到一条人事消息："丘良孙向朝廷进献文章并通过考试，被授予官职。"通过献文而被授官，在宋代并不少见。欧阳修的目光下意识地在这条消息上停留了几秒钟，他忽然省悟，自己关注这条新闻是因为"丘良孙"这个名字！欧阳修略一沉思，修书一封，请在京同事寄来丘良孙所献文章。看过丘良孙那篇名为《兵论》的大作，欧阳修大笑不止：此人果然是个职业"文偷公"，这一次他偷窃的对象是现任秀州知州令狐挺。令狐挺的《兵论》，欧阳修和一帮朋友几年前读过，是在文坛小有影响的作品。欧阳修实在无法想象，"文偷公"们难道吃了熊心豹子胆，连这种早已公开的文章都敢偷来进献朝廷？

后来，欧阳修终于明白："文偷公"们"大无畏"偷窃精神的养成，自己也是有一份"功劳"的。

几年后，欧阳修官拜翰林学士，成为皇帝身边的近臣，常有机会与皇帝谈心聊天。一次与宋仁宗闲聊时，欧阳修随口谈到丘良孙偷窃文章的往事，听得宋仁宗目瞪口呆。宋仁宗当场下旨，要剥夺丘良孙所有官职，永不叙用。欧阳修却慢悠悠地劝谏道："朝廷已经明令诏告授予丘良孙官职，现在又追夺回来，这是在向天下诏示朝廷当初的失察啊！"宋仁宗听罢劝谏，苦笑良久才点头同意——连大臣都有面子意识和大局观，他这个皇帝岂能落后？

正是这面子意识和大局观，让大宋很多文人放弃维护自己的版权，这也是那些文偷公敢于大胆盗窃的原因吧。

面对盗版商的反击

但这并不表明，大宋文人都能够笑对自己的文章被偷，或者对此束手无策。

公元 1086 年，苏轼出任杭州知州。此时欧阳修已经去世 14 年，苏轼取代恩师的文坛盟主地位，成为大宋文坛的又一面旗帜。当旗帜固然荣耀，也有其苦恼——文章最容易被人偷窃。苏轼很快尝到了这种滋味。

一天，苏轼收到老朋友陈师仲的来信和一本最新出版的《苏轼文集》，信中询问是否为苏轼本人授权刊印，隐隐带有责备的语气。陈师仲是"苏门六君子"之一陈师道的哥哥，也是苏轼的铁粉。苏轼因乌台诗案被捕期间，平时留存的诗文被妻子王闰之烧毁；所幸陈师仲平时大力收集苏轼诗文，将苏轼在密州、徐州期间的作品编辑为《超然集》和《黄楼集》，让苏轼大为感动。

苏轼放下书信，打开陈师仲寄来的《苏轼文集》。这是一部雕版印刷的书，刻印和装帧都很粗陋。苏轼随手翻阅几页便发现大量问题：有的文字出现错误，有的句子出现漏字，更有甚者还录入了别人的文章。这又是一本没有经过苏轼同意而由书商擅自刻印的盗版书。面对如此粗制滥造的书，一向脾气较好的苏轼忍不住一阵火起：真想一刀劈掉那些盗版书商的雕版！但他无法知道是哪家书商盗印的；即使知道，作为朝廷命官，他还真能劈毁别人的雕版吗？

苏轼提起笔，给陈师仲回信解释："此书并非我授权出版。那些书商为了逐利，近来多喜欢盗印我的文章，我恨不能劈毁雕版，怎么可能主动让人雕印？等我空闲了，定当刊印一本自选集以堵住盗版之路。"

苏轼似乎一直没有闲下来的时候，也就没有刊印自选集，只能任由他的诗文继续被人盗印。

在苏轼之前，已有宋代文人遭遇作品被盗印的无奈。

宋仁宗皇祐四年（1052）八月，"盱江儒宗"李觏预知自己将不久于人世，动手编了平生最后一部作品《皇祐续稿》。在序言中，他回顾了自己被盗版的经历：公元1043年秋，他编录自己的作品为《退居类稿》一书；后来，他陆续又创作了百余篇文章，还没来得及整理，"不知阿谁盗去"，被无良书商以《退居类稿外集》为名刻印出版，雕版粗糙，文多错谬。心常恶之，却又无法救治。

作为南宋的文坛舵主，朱熹也是书商盗文的首选目标。但他处理盗印的方式，与李觏的无可奈何、苏轼的嘴上空喊完全不同。

南宋孝宗淳熙初年，年届五十的朱熹成为理学思想掌门人，他的每篇文章都受到天下士子追捧，更是书商眼中的金矿。这一时期，他的著作《论孟解》在士子中广为传抄，但因为还在不断修订之中，并没有正式雕版印行。有一天，朱熹忽然接到报告，有建阳的书坊正在印行《论孟解》一书。当时，朱熹正以朝廷闲差的身份寓居在老家福建建阳。接到报告，他迅速找到书坊，发现仓库里存放着一堆刚刚印好的书。宋代雕版印刷技术成熟，已形成开封、杭州、成都、建阳四大刻书中心。但建阳书坊一向以雕印质量低而受人诟病，有些不学无术的文人、官员在著作中出现谬误，往往借口是因为引用了建阳出版的书籍。朱熹翻阅了一下盗版的《论孟解》，果然错得令人无法忍受。他无奈地摇摇头。著作被人盗印已不是一次了，解决的办法似乎只一种——自己花钱消灾，向书坊支付部分成本，销毁库中存书，劈毁雕版。而对于已经流入市场的书却是毫无办法。

不久之后，朱熹又发现附近有书坊盗印老友、理学家吕祖俭的著作。他写信向老友通报这一情况，并鼓励老友向官府投诉。吕祖俭依言递交了诉状，但官府迟迟不给处理结果。无奈之下，朱熹对老友说："与其等官府禁绝盗版，不如动手精选精印一些自己的正版作品，这样就可以使盗版不禁而息。"朱熹说到做到，他开办书坊印行自己和朋友的著作，狠狠打击了盗版之风。可惜的是，因为经营不善，朱熹的书坊最终倒闭了。

宋朝政府对于盗版行为并非毫不作为。书坊在印行正版书籍前，可以向国子监（监管教育和出版）申请版权保护，国子监接到申请即令各地发文公告：如有盗版，一经发现，即"追版劈毁，断罪施行"。

朱熹的外祖父祝穆在编印《方舆胜览》之前，就向政府提出了申请："此书是我祝府进士数载编辑而成，现今雕版花费巨大，窃恐书市嗜利之徒翻印该书，使我祝府徒劳心力，枉费钱本。乞请政府发文公告各处，如有侵权，容许祝府告状，追人毁版，断罪施行。"申请书中还列举了当时盗印书籍的几种手段：直接改换书名盗印；截取部分章节，以《节略×××》等名盗印；从几部书中各抽一些内容混编成一书盗印等。政府当即依照所请，向浙江等印书比较集中的地区发布榜文，禁止书坊盗印。祝穆把政府的榜文收到书籍序言中，警告各地书坊切勿盗印。

官府出面禁行盗版的功效如何，没有详细的资料记载；但以宋代司法系统的强大执法能力，想必效果不错。大宋文人只要放得下身段申请法律保护，自身的权益就能够得到一定程度的保障。

相反，宋代文人如果在文章中侵犯别人的权益，就要付出大代价。张君房是宋真宗时的著名才子，一些翰林学士们写不出文章时常常请他相助。宋真宗崇信道教，上马"国家馆藏道书整理"文化工程，张君房获荐主持其事。整理藏书之余，张君房把平时抄录的万余条笔记编成《云笈七签》等书。后来，张君房出任钱塘县县令。他用公款把《云笈七签》等刻印成精美的大字版书籍，风行一时。白积与张君房同年考中进士，同样颇有才名，但他看不起张君房的为人，时常出语相讥。白积去世后，张君房编造了一个故事，说他死后变身为鼋，一日被人用网抓住，幸得友人经过，购而放回江中。这个故事被张君房收录到著作《乘异记》中印行，同样畅销一时。不久，张君房下班经过东华门，被人一把从马上拽到地上，劈头盖脸一阵猛揍，衣冠皆裂，血流全身。身后的同事连忙拉住施暴者，那人气急败坏道："我父亲怎么死后就变成鼋了？你竟连逝者都不肯放过？！"大家这才明白，原来此人是白积的儿子，他是特意前来讨回父亲名誉权的。文责自负啊，谁让张君房的文章侵权了。大家劝告张君房赶紧道歉，并答应立即销毁《乘异记》的雕版，此事这才了结。

想想，大宋文人有时真心不易：别人侵犯了自己的版权，拉不下面子去坚决维护；一旦自己侵犯了别人的权益，就很可能被人暴揍一顿，还搭上一部书稿的雕版。

幸有江湖可托身

宋代未仕文人的经济生活

学而优则仕。古人读书的目的，大多是为了金榜题名，然后跻身仕途。所谓"书中自有千钟粟"，一旦通过科举，立身庙堂，则俸禄不愁。而落第者毕竟居多，那些身处江湖之远的未仕文人，没有俸禄收入，要靠什么生活呢？

谒客一诗获千贯

南宋的刘过诗词俱佳，在中国文学史上占有一席之地。而他一生蹭蹬，数次参加科举都名落孙山，终生没能谋得一官半职，只能靠做谒客（也就是通过向富人投递诗文获得打赏）谋生。

刘过一生都在行谒中度过，足迹遍及现在的江西、湖南、浙江、江苏、湖北、安徽等地。刘过非常善于抓住机遇行谒。刘过30岁那年，宋孝宗举办了一场规模盛大的阅兵仪式。场上军容整齐，士气高昂；场下观者如堵，喝彩不断。殿帅郭杲当时紧跟在宋孝宗身后，着实大出了一把风头。刘过抓住机会，用心创作了一首新词，狠狠夸赞了郭杲一番。郭杲一开心，就赠送刘过铜钱数十万文。31岁那年秋天，刘过游览湖北黄州报恩寺，看到墙上有一幅书法作品，是用行书抄录的苏轼《赤壁赋》。细看后面的署名，发现书法作者竟是成都知府黄由的夫人。黄由是宋孝宗时的状元，曾深得宋孝宗、宋光宗二帝欣赏，官至权礼部尚书兼吏部尚书，却因上书议事惹怒宋光宗，被贬为成都知府。他们夫妻二人此行正是前往成都履新，顺道游览报恩寺。看完黄夫人的书法，刘过当场作词一首，极力称赞黄夫人清雅优美、才华过人，并把此词题写在黄夫人书法后面。黄由看到这首词，厚赏了刘过。

公元 1203 年（南宋宁宗嘉泰三年），50 岁的刘过第 N 次来到临安，准备在都城寻找行谒对象。六月，绍兴知府兼浙东安抚使辛弃疾就任，刘过终于等到了一个一掷千金的大财主。

据岳珂（岳飞的孙子）记载，刘过在一次酒局上亲口讲过他拜谒辛弃疾的经过：辛弃疾到达绍兴后，听闻刘过大名，当即派人召他见面。刘过正好有事不能前往，便模仿辛弃疾的风格作词一首请传话人带回。辛弃疾读罢刘词大喜过望，派人送上数十万文，并再次催促刘过到绍兴会面。刘过拜见辛弃疾，在辛府住了一个多月，受到热情款待。临别之际，辛弃疾向刘过送上厚礼——铜钱 100 多万文！这无疑是一次非常成功的行谒。

一年后，因母亲病重，刘过要回老家，前去向辛弃疾辞行。当晚，辛弃疾换上平民服装，前往酒楼为刘过饯行。当时，辛弃疾手下的一个都吏（小吏的头目）正在楼上饮酒听曲，醉眼蒙眬中，见来了两个平民，便很不耐烦地让人把他们赶走。辛弃疾也不说破，返身回到府衙，令人传唤都吏，说是要查询一份机密文件。醉中的都吏无法按时赶到。次日，辛弃疾佯装大怒，声称要严惩都吏。都吏脑子转得极快，他立即提出，愿意拿出 1000 万文为刘过的母亲祝寿，以求免罪。辛弃疾给刘过租了一条船，将1000万文送到船上，并叮嘱刘过："快回家吧。今后，酒要少喝点儿，钱要省着花。"这是《江湖纪闻》记载的一则趣闻，事情的真假无法考证。如果此事可信，刘过将不需再靠行谒度日了——无论如何挥霍，这1000万文也足够他奢华地度过剩下的3年岁月。

一次行谒获得1000万文，并不是最高的记录。诗人刘克庄晚年患有眼疾，侍郎洪天锡一次送他医药费3000万文。更夸张的是，词人宋自逊行谒权相贾似道，一次获赠2亿文，他用这笔钱建造了一处豪宅。

按说，得到如此丰厚的打赏，稍稍节省一些，谒客的日子应该就能过得顺顺当当。而刘过不是节省的主，他喜欢花天酒地，手里一有钱就聚众豪饮，还要请歌妓作陪，甚至因在酒席上争风吃醋蹲过监狱。47岁那年，刘过到建康（今南京）行谒时遇到了旧友吴平仲。二人相见，免不了饮酒作乐。一天，吴平仲带刘过去拜访歌妓盼儿。盼儿本是吴平仲的老相好，刘过却趁着酒兴写了一首情意缠绵的词献给盼儿。就凭这首词，刘过成功地掳走了盼儿的芳心。吴平仲大怒，拔出随身佩戴的小刀刺向刘过，混乱之中却刺伤了盼儿。吴、刘二人因此被抓进大牢。

53岁时，刘过终于厌倦了到处行谒的生活，他应昆山县令潘友文之邀前往昆山定居，并入赘当地大姓董家。婚后不到一年，刘过便溘然而逝。他死后，家徒四壁，朋友们集资才为他料理了后事。

南宋时期，落第文人和下级官僚形成了巨大的谒客群体，刘过的朋友姜夔也是其中一个。

姜夔精通诗词、音乐、书画，22岁就写下了名垂千秋的词作《扬州慢·淮左名都》。在诗词创作方面，有人将他与苏轼并称。他与刘过一样，四次科举不中，终生不曾出仕，只能靠行谒为生。不同的是，姜夔并非四处行谒，而是在某段时间内主要依附一位金主。

21岁那年，姜夔游历零陵县（今湖南永州市零陵区），与时任零陵判官的诗人萧德藻一见如故。此后，姜夔长期跟随萧德藻左右。萧德藻把哥哥的女儿嫁给姜夔。姜夔33岁那年，萧德藻调任湖州，姜夔跟随前往。途经杭州时，萧德藻介绍姜夔与"南宋四大诗人"之一的杨万里认识，杨万里又写信把他介绍给"南宋四大诗人"的另一位成员范成大。姜夔37岁那年拜谒范成大，获得了一份留名史册的赠礼（家妓小红）。在杭州期间，姜夔认识了他后半生的靠山张鑑。姜夔38岁那年，萧德藻回陕西养老；姜夔失去生活依靠，不久便投奔张鑑。张鑑是杭州有名的"富四代"，是循王张俊的曾孙。张俊当年与岳飞齐名（后来参与迫害岳飞，是杭州岳王庙里下跪的四奸之一），在世时积攒了天文数字的财产，据说仅房租收入一项每年就可进账7.3亿文。张鑑待姜夔亲如兄弟。他想出钱帮姜夔捐个官职，被姜夔拒绝；又想把锡山大片土地赠送给姜夔，也被婉拒。可惜这样融洽的日子只过了10年。随着张鑑病逝，49岁的姜夔再次失去依靠。屋漏偏逢连夜雨，第二年杭州城发生火灾，2700多户房屋被焚，姜夔租的房子也被殃及，全部家产化为乌有。此后30年，姜夔靠行谒江湖为生，直到81岁去世。与刘过一样，姜夔死后也是靠朋友的帮助才得以下葬。

北宋时就有很多贫困文人靠行谒度日。丁谓年轻时曾经行谒工部侍郎胡则，受到热情款待，但没有获得馈赠。离开胡府时丁谓留下一首诗，暗示胡则："我是来讨钱的，明天还要来。"第二天，丁谓再次拜访胡府，发现昨天招待自己的银质器皿都已被撤掉，摆在面前的只有陶器。丁谓心中一沉："胡侍郎这是防着我了。"他怏怏而退。没想到，次日胡则找到丁谓住处，送给他一小箱银器，并解释道："我家素贫，只有这些银制的酒器送你作临别赠礼。"

大学者孙复年轻时屡举不第，听说范仲淹在应天府书院当校长，就跑去行谒。范仲淹爽快地给了他 1000 文。第二年，孙复又去找范仲淹，范仲淹再给他 1000 文。得知他要赡养老母才不断行谒，又聘他为书院教师，月薪 3000 文。

看起来，南宋的谒客动辄获赠数百万文，境遇远比北宋的谒客优越。事实上，南宋那些不太知名的小文人行谒所得也非常有限。

南宋诗人周弼在《罗家洲》一诗中这样描写自己的行谒生活："对港近村俱有路，扁舟倍觉往来频。入秋破褐惟存线，尽日收钱不满缗。远岸沙冷衔坠叶，浅滩寒水卧枯蘋。未知行役何时断，纵使更深亦唤人。"近村虽然有路，但因为这边能够打赏的人都已行谒多遍，只能坐船去更远的地方。连日来行谒所得不足一缗（1000 钱），以致到了秋天他还只能穿着破成丝丝缕缕的粗布衣服。天气一天比一天更冷了，江上和岸上都是落叶枯蘋。也不知道何时才能结束这行谒的生活。夜已经很深，他还在央求人家开门。诗中充斥着一股瘆人的寒凉气息，不仅仅来自秋风劲吹的寒冷，更来自行谒无得的窘迫。

落在江湖卖诗册

仅靠行谒，绝大多数的谒客并不能养活自己及家人。所幸的是，周弼并非仅仅靠行谒为生。

周弼在宋宁宗嘉定年间进士及第，曾做过江宁县知县，但很快就辞官归隐，后来又起复为低级小官，40年来"宦游吴楚江汉间"。南宋一度疯狂发行纸币，宋宁宗嘉定年间纸币发行总量比孝宗期间多10倍。货币贬值，物价上涨，导致低级官员生活艰难。所谓的宦游，其实也是行谒。好在40年的江湖游历化成了丰富的创作素材。周弼的诗很受读者欢迎，曾出版过一部12卷的诗集《端平集》，"人皆争先求市"，销量很好。周弼去世后，其同乡好友从《端平集》中挑选了近200首通俗易懂的诗编为《端平诗隽》，在杭州出版发行，读者购买更为踊跃，以至于杭州四家书铺同时刻印才能满足读者需求。可见当时诗歌的市场非常火爆。因此，卖文成为当时未仕文人的另一收入来源。

刘克庄（号"后村居士"）受到文学爱好者热情追捧，他的系列诗集《南岳稿》《后村居士集》出版后，"人竞宝藏南岳稿，商留金易后村编"，人们纷纷购买收藏，买不到的人就手工抄写相互赠送。敖陶孙的诗也广受读者喜爱，刘克庄说"金璧易求，先生（敖陶孙）之只字半句难求"。火爆的市场催生了大批书铺，南宋时仅临安一地就有各类书铺16家。

那些极为畅销的诗集能为作者带来怎样的经济收益，我们不清楚。与刘克庄同一时代的徐照，其诗集售价一册300文，但销量多少不得而知。

单篇的诗歌也可以售卖。一些名声不大的文人常在街头摆摊作诗，让消费者现场点题。仇万顷每次卖诗都会在摊位旁边竖起一个标牌，上面写明："每首诗30文，停笔磨墨罚钱15文。"消费者每出一题，他必须下笔一挥而就，稍有停顿，售价就要减半，可见压力不小。而他的诗歌消费者很多，其中大部分是女性。

卖文售诗在宋代（尤其是南宋）文人中形成一股潮流，但卖诗的收入不稳定。戴复古和刘克庄一样，属于顶级流量的江湖诗人；其诗集早上在杭州刻版印刷，晚上就卖到咸阳，价格也比较高，所谓"诗翁香价满江湖""篇易百金宁不售"。但他自称"七十老翁头雪白，落在江湖卖诗册"，年过七旬仍然浪迹江湖卖诗度日，可见他靠卖诗度日的生活并不宽裕。

经商是宋代未仕文人的另一种谋生方式。宋代提倡"万般皆下品，惟有读书高"（观文殿大学士汪洙《神童诗》），但当时的社会风气并不鄙视商人，甚至许多中高层的官员也兼职从商。南宋时台州知州唐仲友开设了彩帛铺、鱼鲞铺、书坊等各种店铺。除了书坊，唐仲友售卖的商品大多数与文化并无关联。可见，在当时的文人眼中，做什么生意并无高低贵贱之分。

崔唐臣与苏颂是同窗好友。苏颂于公元 1042 年（宋仁宗庆历二年）考中进士，崔唐臣多次落榜后不再参加科举，二人逐渐断了联系。10 年后，苏颂已经任职集贤校理。一天，他在汴河边散步，忽然看到小船上有个熟悉的身影，正是故友崔唐臣！苏颂快步走近，二人就在河边叙旧。崔唐臣告诉苏颂："我当年落第之后，翻箱倒柜凑了 10 万文，用其中一半买了这条船，剩下的当作本钱，做些买卖。我每次只进半船货，随意在江河上游荡，走到哪儿卖到哪儿，不求发财，但求自足，日子比当年科举求官时好过多了。"看来，崔唐臣还是有些文人的清高，并没有全心全意地经商，否则至少能够过上小康日子。显然，相比行谒和卖文，经商更能为未仕文人提供稳定的生活保障。

当然，未仕文人谋生的手段还有其他，如卖字卖画、做塾师等。这些营生，姜夔全都干过，很多宋代未仕文人也都干过，但并非宋代文人独有的谋生手段，就不赘述了。

做官之外，宋代文人在江湖上摸索谋生之道，尤其是以卖文和经商的方式获取了经济地位的独立，打破了"学成文武艺，货与帝王家"的唯一生存模式，这是对文人自身的一大解放。用日本汉学家内山精也的话来说，这是"向着现代的方向迈进了一大步"；这也是整个大宋社会向着"现代的方向"迈出的一步。

大宋文人遭受的那些"文祸"

自从宋太祖立下不杀言事文臣的规矩，宋代文人的言论尺度就非常大。南宋监察御史方廷实上书皇帝说"天下者，中国之天下，祖宗之天下，群臣、万姓、三军之天下，非陛下之天下"，也能安然无事。但这并不代表大宋文人可以肆言无忌，因文获罪的事在宋代也偶有发生。

乌台诗案——苏轼因文获罪

乌台诗案是宋代最著名的因文获罪事件，也是中国历史上最有影响的文字狱之一。

公元1079年（宋神宗元丰二年），因不满王安石变法，苏轼被朝廷抓捕，御史李定想在抓捕过程中逼迫苏轼自杀，但没能得逞（见《"吓杀"贬官报私仇》）。当年八月十八日，苏轼被关进御史台监狱。汉代御史台种有很多柏树，常有乌鸦栖居，故常称"乌台"或"柏台"。此案因此得名"乌台诗案"。

八月二十日，审讯工作正式开始。审讯过程其实就是变法派解读苏轼文字给他罗织罪名的过程。

首先是搜寻苏轼的诗文。这一步很容易。早在6年前，沈括就骗取了苏轼亲手抄写的一批诗作。沈括是中国历史上著名的科学家，《梦溪笔谈》一书的作者。他曾经和苏轼一起在朝廷的史馆工作。二人政见相左：沈括在政治上积极向王安石靠拢，苏轼则极力反对王安石变法。公元 1073 年，受朝廷委派，沈括前往杭州督查变法落实情况，当时苏轼正任职杭州通判。虽然政见不合，但老同事见面还是非常开心。应沈括请求，苏轼亲手抄录了一册诗送给他。谁知回到京城，沈括立即把诗册送呈宋神宗，说是苏诗多有诽谤朝政之语，请求定苏轼之罪。宋神宗未予理睬。

现在沈括骗取的那册苏轼自抄诗被送到了御史台，加上公开出版的《元丰续添苏子瞻学士钱塘集》，御史们掌握了大量苏轼诗文。

接下来要从苏诗中发现犯罪证据，这也不难。含蓄是中国古诗独有的艺术特色，它造成了一种独特的朦胧美，也给御史们留出了巨大的自由解读空间。例如《山村五绝》其中两首诗："杖藜裹饭去匆匆，过眼青钱转手空。赢得儿童语音好，一年强半在城中。""老翁七十自腰镰，惭愧春山笋蕨甜。岂是闻韶解忘味，迩来三月食无盐。"前者被解读成讽刺王安石变法的最重要政策"青苗法"，后者被解读成讽刺宋神宗加强盐禁的政策。苏轼写给弟弟的长诗《戏子由》，本意是戏言自己一事无成，但其中两句"读书万卷不读律，致君尧舜知无术"被解读成讽刺宋神宗要求官吏考试法律的措施。《八月十五日看潮五绝》中有一首诗写杭州少年爱在钱塘江潮中表演绝活挣钱，并感叹"东海若知明主意，应教斥卤（盐碱地）变桑田"，被解读成讽刺朝廷大力兴修水利。经过"深入"分析解读，御史们发现有 100 多首苏诗存在政治问题。其中最为狠毒的是，苏诗中有"根到九泉无曲处，世间惟有蛰龙知"句子，被御史舒亶等解读为反对宋神宗本人，有谋反之心。他们说，只有皇帝才能称龙，此诗却说"世间惟有蛰龙知"，苏轼有事不求宋神宗，"而求之地下之蛰龙，非不臣而何"。幸亏宋神宗头脑清醒，未以为然。

如果苏轼誓死不认那些诗中含有反动意图，御史台难以强行定罪。但这难不倒专办各类疑难案件的御史台官员，他们不断对苏轼施加精神和肉体上的摧残。入狱之初，他们就问苏轼，祖上五代是否有誓书铁券。所谓誓书铁券，是从汉高祖刘邦开始，由各朝皇帝赏给重臣的凭证——重臣及后代凭此可以免除一定的刑罚。据说，一般罪犯入狱，主审官只问上三代是否有誓书铁券；涉嫌死罪者，才会被问及上五代。这显然是暗示苏轼，他面对的是死刑的指控。然后，苏轼被单独关进一间阴暗潮湿的牢房，每天接受通宵辱骂，甚至毒打。当时，苏颂也在御史台受审，被关在苏轼隔壁。多年以后，苏颂回忆这段狱中经历时写道："遥怜北户吴兴守，垢辱通宵不忍闻。"吴兴就是湖州，吴兴守指湖州知州，是苏轼入狱前的官职。

苏轼入狱之初就自知必死，已经藏好毒药准备随时自杀。他与每天给他送饭的长子苏迈约定，平日不要烧鱼，只有得知被判死刑的消息才送鱼来，以便自己做好心理准备。有一天，苏迈外出借钱，委托亲戚送饭，却忘记告诉亲戚关于送鱼的约定。当天亲戚恰巧送去一条熏鱼。苏轼以为是对他的死刑已经核准，当即给弟弟写了两首绝命诗，准备赴刑。因为精神压力太大，也为了避免弟弟受到牵连，苏轼陆续承认了御史台对他诗作的解读，承认自己诗中确实有嘲讽朝廷变法大业的意图。

当年十一月三十日，御史台将查明的"事实报告"上交朝廷。御史中丞李定等建议："苏轼对朝廷和皇上极其无礼，应予斩首，以正风俗。"

宋代司法制度比较完备：御史台只负责查明事实，不能定罪；根据事实援引法律进行判罪的职权，属于大理寺；为防止御史台在事实报告中作假，在大理寺判罪之前朝廷要委派除御史台、大理寺之外的第三方部门前去"录问"罪犯本人报告是否真实。在"录问"时，苏轼翻阅了御史台出具的报告，表示真实无误，签字确认。

十二月初，大理寺判决结果出台："当徒二年，会赦，当原。"意思就是：本该判处有期徒刑二年，正遇朝廷大赦，免去徒刑，做无罪处理。"徒二年"的法律依据是：一、审讯时多次提供假口供，徒一年；二、作诗讥讽朝政，徒二年；在审讯中主动承认，减罪一年；最后合并为徒二年。

也就是说，按照大宋法律，除去其他因素，苏轼所犯的文字罪只会被判有期徒刑二年。这完全不符合李定等人的预期。御史台对此提出强烈抗议，并向宋神宗建议："苏轼犯罪动机十分险恶，怎能让他逃脱诛杀之罪？"

依照宋代法律，御史台不服大理寺的判决，则交给审刑院复核。审刑院维持大理寺原判，对苏轼做无罪处理。考虑到此案是宋神宗亲自过问的重大案件，最终的处理结果显示了大宋法律界极强的专业精神。

宋神宗又特出恩旨，保留苏轼一个官职，贬为黄州团练副使。30多名受牵连的变法反对派官员也各有不同的处罚：驸马王诜因未及时交出苏轼诗文被削除一切官爵，王巩被发配西南，苏辙因家庭连带被贬为筠州酒监……

雷声巨大的乌台诗案，最终以雨点甚小的方式落下了帷幕。

熙宁殿试——苏轼"以文罪人"

乌台诗案是宋代历史上的一大污点。一个高度崇尚文教的国度，竟然让其最伟大的文人因文获罪，这无异在时代的脸上狠抽了一个响亮的巴掌。然而细究起来，在此之前苏轼却先以文字罪的方式打击过变法派。当然，他的态度较为温和，之后还曾替对方辩护。

王安石变法自公元 1069 年（宋神宗熙宁二年）开始，朝廷官员分化为支持派和反对派两大阵营。次年三月，朝廷举行殿试，两派都有人担任考官。吕惠卿是变法派的中坚力量，作为此次殿试的初评官，他把支持变法的考生成绩全部评为上等，包括叶祖洽。覆考官刘攽是变法反对派，他录取为上等的全是反对变法者，叶祖洽被黜落。苏轼是编排官，也奏请黜落叶祖洽。宋神宗审阅了几个争议较大的考生的试卷。看到叶祖洽的策论赞颂变法，宋神宗龙颜大悦，亲自将其列为第一名。苏轼激烈反对，他指出：叶祖洽说"祖宗多因循苟简之政，陛下即位，革而新之"，这完全是为了讨好当朝皇帝而肆意诋毁祖宗（宋太祖、宋太宗）；这种人如果成为状元，怎能指望天下风气变好？！在此，苏轼给人扣上了一顶可怕的文字罪大帽子。诋毁皇帝祖宗这种罪，往大了说是忤逆不道，必须杀头；往小了说，是讥讽朝政，要徒二年。不知道后来被关进乌台监狱时，苏轼是否后悔过自己这种"以文罪人"的行为？

当时苏轼的意见被宋神宗无视，叶祖洽戴上了状元的桂冠。然而此事并未结束，17 年后再次引起风波。

公元 1087 年（宋哲宗元祐二年），大宋朝局发生了逆转：宋哲宗已即位两年，因为年幼，由宣仁皇太后垂帘听政。宣仁皇太后讨厌变法，变法派干将全被逐出朝廷，反对派官员被一一召回。反对派当权后着手清算变法派，叶祖洽也被列入清算名单。

十月，叶祖洽由兵部郎中改任礼部郎中。这本是正常的职务调动，但反对派官员给事中赵君锡认为任命不当，驳回任命文件；并弹劾叶祖洽，说他当年殿试时曾经讥讪祖宗，应该追责问罪。

宋哲宗把弹劾状交给大臣讨论。大臣们研究了叶祖洽当年策论文章的刻印本，认为其中没有讥讪祖宗的内容。与此同时，叶祖洽也向朝廷上书自辩。

朝廷又让当年殿试的考官苏轼、刘攽等人发表意见。苏轼认为，殿试状元的策论被刻印为士子学习范本时可能会作润色修改。为稳妥起见，他特意从档案中调来叶祖洽的策论原卷，发现其中有"祖宗已来至于今，纪纲法度因循苟简而不举者，诚为不少"的表述。十月二十一日，苏轼和刘攽联合上奏宋哲宗："叶祖洽的策论存在学术浅陋、议论乖缪问题，并没有讥讪祖宗。"

奏章呈上之后，苏轼不太放心，他又读了一遍叶祖洽的自辩书，赫然发现一个问题。第二天，苏轼和刘攽赶忙又向宋哲宗上奏："叶祖洽在自辩书中说自己当年策论文字是'祖宗已来至于今，纪纲制度，比之前古，亦有因循未举之处'，故意减去'苟简'二字，可见他清楚地知道此词是对祖宗不敬。"但苏轼仍然申明，叶祖洽并无讥讪祖宗的意思。

有了当年考官的辩护，叶祖洽被宣布无罪。如果苏轼也像乌台诗案中的政敌那样，死死咬定对方的文字就是讥讪祖宗、讽刺朝廷，又一桩文字狱很可能就此形成。

按照《续资治通鉴长编》记载，在熙宁三年的殿试中苏轼对叶祖洽的指控是"诋祖宗以媚时君",而在 17 年后的奏章中苏轼却坚持认为叶祖洽没有讥讪祖宗。为什么前后态度截然相反？或许是因为乌台诗案给苏轼的教训过于惨痛，才让他对文字罪深怀警惕吧；或许看穿了党派斗争无谓而又残酷的本质，他更不愿意把文字当作党争的工具？

江湖诗祸

宋代另一起著名的文祸，发生于南宋理宗时期。事发的直接诱因是《江湖集》出版，宰相史弥远借此大肆打击迫害有关诗人，此事被历史学家命名为"江湖诗祸"。

史弥远是靠玩弄阴谋一步步上位的，害怕有人议论他。

史弥远的第一个惊天阴谋是矫诏槌杀宰相韩侂胄。公元 1194 年，太上皇宋孝宗病逝。宋光宗一向对宋孝宗不满，此时连父亲的葬礼都不愿参加，此举震惊朝野。知枢密院事韩侂胄趁机废掉宋光宗，拥立皇子赵扩登基为帝，是为宋宁宗。凭借拥戴之功，两年后韩侂胄升任宰相。为再立新功，巩固权势，韩侂胄以收复山河为名，派兵北伐金国。可惜用人不当、准备不足，北伐战争一败涂地，转而向金国求和。金国提出，只有南宋交出韩侂胄的人头才有议和的可能。时任礼部侍郎的史弥远看出宋宁宗想要议和，便派人埋伏在韩侂胄上朝的路上，趁天色未亮把他挟持到偏僻地方，一阵乱棒打死，割下脑袋送往金国。

凭借成功议和的"功劳"，史弥远次年升任宰相，但其恶劣行径激起了很多人的愤慨，包括太子赵竑。有一次，赵竑忍不住在茶几上写下："弥远当决配八千里。"史弥远得知此事，既恨且怕，决心先下手为强。宋宁宗嘉定十七年（1224）九月，宋宁宗驾崩，史弥远趁机篡改遗诏，废太子赵竑为济王，立皇子赵昀为帝；随后又将济王贬到湖州，于次年将其杀害。

史弥远大权在握，却担心天下清议，尤其害怕议论济王遇害之事。恰在此时，杭州书商陈起收集江湖诗派诗人的作品，出版了《江湖集》。此书很快成为畅销书，各地文人争相购买，也引起史弥远及其亲信的关注。他们从中嗅到了浓浓的危险气息——书中竟然有很多作品影射济王被害事件。比如，刘克庄的"未必朱三能跋扈，都缘郑五欠经纶"（《黄巢战场》）、"东风谬掌花权柄，却忌孤高不主张"（《落梅》），曾极的"九十日春晴景少，一千年事乱时多"（《春》），陈起的"秋雨梧桐皇子府，春风杨柳相公桥"……在史弥远集团看来，这些诗分明是在讽刺他们跋扈、谬掌权柄、祸乱时事，尤其是"皇子府""相公桥"，更是直指宰相废皇子之事。

史弥远大怒，下达三条指令：一、迅速抓捕作者，问罪处理。（其中，刘克庄被抓到大理寺审讯。一旦押赴大理寺，免不了要遭受乌台诗案经历，被反复折磨后屈打成招。幸亏参与废济王立赵昀的另一大臣与刘克庄关系亲密，在其周旋下，刘克庄免受处罚。其他几人则被流放到偏远之地。最无辜的是，因为"秋雨梧桐皇子府，春风杨柳相公桥"一句不能确定作者是谁，有两位疑似作者一同被流放。）二、立即劈毁书版，追回所有已经发行的书籍。三、出台禁诗令，禁止文人写诗。

刘克庄在熟人的庇护下暂时逃脱了处罚，但诗祸的阴影长期笼罩在他的头顶。他被贴上了"怀念济王，不满理宗"的政治标签，20多年里一有政治风波，他就会被人拎出来敲打。见于文字记载的最后一次遭受弹劾，是诗祸发生后的第26年，即公元1251年。那时，刘克庄任职起居舍人兼侍讲（记载皇帝日常言行兼给皇帝讲课）。有次刘克庄给宋理宗讲解宋朝抗元战争失利的教训，被人弹劾为发表畏敌言论，又拿当年的江湖诗祸说事，提醒宋理宗，这人当年就为济王抱打不平，对当今皇帝不忠。最终刘克庄被贬出朝廷，回家养老。

在极力提倡文治的大宋王朝，竟然发生了乌台诗案和江湖诗祸两起著名文字狱，其无异于炸响在文人头顶的霹雳。乌台诗案发生后，苏轼曾经告诫自己要"扫除习气不吟诗"；江湖诗祸后，史弥远悍然发出"禁诗令"。让人欣慰的是，两起诗祸，没有一位文人被杀，诗祸的主角此后还被起用并升迁，完全不同于明清时文字狱牵连甚广、血流成河。这也从侧面展示了大宋的政治包容。尤其是从乌台诗案来看，"苏轼们"之所以能从死神手中逃脱，并不是因为对手心怀仁慈，而是因为大宋皇帝对制度的尊重，大宋执法官员对法律的敬畏和坚守，他们没有把这些案件无限拔高到政治的层面，基本在法律框架内进行处理。大宋被认为是文人的天堂，这也是一大原因吧。

从来佳茗似佳人

大宋文人的优雅茶生活

大宋文人的业余生活非常丰富。当时流行一句谚语："烧香点茶，挂画插花，四般闲事，不宜累家。"意思是说，富贵之家办事待客时，焚香、点茶、挂画、插花这些闲事，应该交给专业机构操办，不必占用主人的宝贵时间。而在文人眼里，这"四般闲事"已成为他们的生活"四艺"，事事都愿亲手操持，体现了业余生活的高雅情趣。尤其是点茶，有人称其为"四艺"之首，更是备受文人喜爱；他们甚至愿意无视尊卑，放下身段，只为在点茶的过程中获得无上的精神和艺术享受。如果说，酒能让大宋文人放飞心灵、张扬自我，茶则能让他们回归内心、找回真我。

歌妓常胜蔡襄

蔡襄是宋代一流的文人，其诗文清遒粹美，在仁宗朝与欧阳修齐名；他名列北宋书法四大家，苏轼推认他为"本朝第一"，欧阳修称其"独步当世"。他更是茶界顶级大咖，其著作《茶录》与唐代茶圣陆羽的《茶经》齐名；同时期文人彭乘曾说"议茶者莫敢对公言"，意思是没人敢在他面前班门弄斧。

蔡襄精于制茶。他的老家福建自古产茶，尤其是建州（今建瓯市）的建茶，在大宋建国之初已经成为贡品。而建茶真正成为茶坛登峰造极的奢侈品牌，还有赖于蔡襄。公元1047年（宋仁宗庆历七年），36岁的蔡襄担任福建路转运使，掌管当地财赋。在大宋，茶业是非常重要的税收来源，蔡襄自然对其非常关注。蔡襄经常前往建州北苑茶场视察，在他长达两个多月的亲自指导下，北苑茶场研发出茶界顶级品牌——龙凤小团茶。小团茶年产量仅约 10 斤，全部进贡到皇宫。这种茶极其昂贵，每斤价值黄金二两，抵得上当时一个民工四至五年的全部收入。关键是，有钱无处买。欧阳修曾在日记中记载：每年祭天大礼当日，皇帝会赏赐群臣大量御用物品，赏赐小团茶则特别"抠门"，只赐给宰相府、枢密院各一饼，由正副宰相、正副枢密使均分，每人仅可以分得 1/8 饼！宋代高档茶叶的包装方式类似于今天的普洱茶，成饼状。小团茶的包装格外精细，一斤被包装成 20 饼。也就是说，在祭天大礼这么重要的仪式上，皇帝赏赐给宰相的小团茶仅重 1/80 斤，其精贵程度可见一斑。

蔡襄还精于品茶。建州有座寺庙叫能仁院，庙里石缝间生长着一棵古茶树。有一年，古树茶叶被制成八饼石岩白茶，其中四饼送给蔡襄，另四饼被悄悄送到京城献给翰林学士王禹玉。第二年，蔡襄回京拜访王禹玉。王禹玉命弟子挑选最好的茶叶招待蔡襄。茶叶奉上，蔡襄未及品尝就急忙问道："此茶极似能仁院的石岩白茶，您从哪儿得到的？"王禹玉不信："仅闻一下香味您就能知道是什么茶？"忙让人拿来茶叶，见其包装纸上果然写着"石岩白"，大为惊服。另一次，老乡蔡叶丞（福建福清市人）弄到一片小团茶，大为兴奋地邀请蔡襄共饮。家童备茶之时，又有另一位客人来访。三人聊了一会儿，童子将煮好的茶奉上。蔡襄端起茶杯小饮一口，随即说道："杯中不全是小团茶吧，必定还掺杂了大团茶。"蔡叶丞转身询问童子，童子惶然答道："我刚碾好两人用的小团茶饼，忽然又来一位客人，来不及再碾，只好掺杂了一些已经碾好的大团茶。"

宋人吃茶，不像今人用沸水浸泡茶叶喝水，而是把茶饼碾为粉末倒入盏中，先加少许沸水把茶粉捏成膏，再多次注入沸水，最后连茶带水一起吃。这个泡茶的过程叫"点茶"。宋代文人喜欢"斗茶"，即比斗点茶技艺，包括注水入盏时浮起的泡沫和图案。宋代斗茶之风大为盛行。蔡襄精于此道，他的《茶录》首次系统总结了斗茶的要点，包括点茶过程如何操作，如何根据茶色、茶味等评判茶艺的高下，成为文人们斗茶的理论宝典。

那么，作为茶界泰斗，蔡襄与人斗茶会是什么结果呢？出人意料，他竟然是常败将军。

蔡襄有位好友名叫苏舜元（酒狂苏舜钦的哥哥），也是当时著名的书法家。蔡襄担任福州知州和福建路转运使时，苏舜元出任福建路提刑，二人是工作上的搭档。一次，苏舜元与蔡襄约好斗茶。苏舜元知道：斗茶首先要看茶叶的品质，这一点他肯定比不上老蔡；其次是比水质，他也没法与老蔡比。要战胜老蔡，只能不走寻常路。几天后，斗茶正式开始。果然，蔡襄拿出的茶叶和泉水都比苏舜元带来的高档：茶是龙凤团茶，水是惠山泉水。龙凤团茶也是出自北苑茶场的贡品，品质仅次于小团茶；惠山泉产自无锡惠山，曾被陆羽称为"天下第二泉"，而在宋代很多文人眼里它就是天下第一。宋代文人酷爱风雅，朋友之间除了经常互赠茶叶，还会互送泉水。蔡襄过生日时，一个名叫葛公绰的朋友就给他寄去一瓶惠山泉，另一位朋友钱公辅则给他寄去了庶子泉水（产自醉翁亭所在的滁州琅琊山）。宋代交通缓慢，长途运输会使泉水变质。他们想出了一个办法：用细沙过滤，使泉水澄清如新，称为"拆洗惠山泉"。因此，蔡襄的身边随时带着惠山泉。

苏舜元并不心急，他慢慢悠悠地炙茶（烤去茶饼上包装用的油膏，同时使茶叶更香）、碾茶、罗茶（用细筛过滤出粗末再碾）、烘盏（烘热茶盏使茶容易浮到盏面）、点茶。整个斗茶过程，二人技艺不相上下，连盏中浮起的泡沫与图案也都各有千秋。

接下来品尝茶味。按说，蔡襄的茶和水都比苏舜元的高档，其茶味应该更胜一筹。没想到，蔡襄品完苏舜元的茶水后大吃一惊："此茶有一股奇妙的清香之气，似非人间凡品。"他甘拜下风，询问其中缘由。苏舜元呵呵一笑，答道："我的茶叶虽不高档，水却是用的竹沥水。"原来，自知胜过蔡襄的机会渺茫，苏舜元便在用水上打起了主意。他提前几天，专门爬上天台山，砍削嫩竹的顶端，将其滴出的汁液收到陶瓮中。竹子滴出的汁液就是竹沥水，具有竹子天然的清香。得知苏舜元为了斗茶竟然如此大费周章，蔡襄呵呵一笑，拱手认输。

被朋友用心"算计"，蔡襄败得不算冤枉。但他还时常与官妓斗茶，而且十斗九输，就有些灰头土脸了。公元1065年，54岁的蔡襄出任杭州知州。杭州自古文人荟萃，连官妓都颇为文雅。其中有个名叫周韶的，文才敏捷，还喜欢收藏各种名茶、奇茶。蔡襄作为杭州一把手，宴请时经常有官妓陪侍。宴请结束，如果时间尚早，他就会趁着酒劲当众斗茶，既可以取乐，也可以醒酒，一举两得。出人意料的是，蔡襄与周韶斗茶，十次倒有九次输；可他并没有觉得不妥，一有机会照旧与周韶比试茶艺。

一位茶坛泰斗与官妓斗茶竟然常常落败，看起来不可思议，细细一想却也可以理解。在文人的影响下，斗茶之风盛行于各个阶层，有人爱茶成癖、日夜研究，出现打败泰斗的周韶也就不足为奇了。

关于斗茶胜败的感受，范仲淹曾这样写道："其间品第胡能欺，十目视而十手指。胜若登仙不可攀，输同降将无穷耻。"意思是说，在众人围观下，茶之好坏、技之高低，瞒不过群众雪亮的眼睛；胜者就像羽化成仙高不可攀，输者如投降之将羞耻无穷。虽然这说法有些夸张，但斗茶的胜败关系着文人的面子则是无疑的。

蔡襄身为杭州知州，却不顾身份地位，忍受着"输同降将无穷耻"，与一个官妓屡败屡斗，一定不是着迷于周韶的美貌，而是迷恋于斗茶过程中的无穷乐趣。在大宋文人眼中，点茶是一种艺术，喜爱这种艺术的人是没有贵贱之别的。

苏轼"看人下茶"

关于蔡襄与周韶斗茶的故事，苏轼这么记载："杭州营籍周韶，多蓄奇茗，常与君谟（蔡襄的字）斗，胜之。"可见周韶是碾压式取胜的。苏轼的记载应该没有夸张。苏轼一向敬重蔡襄，因为蔡襄是长者，还是他的恩师。嘉祐六年（1061），苏轼参加朝廷举办的制科考试，考取了大宋开国百年来的第一个制科试的第三等（一等、二等始终虚设），蔡襄就是当时的主考官之一。

可惜苏轼没有记载蔡襄与周韶斗茶的详细过程。而苏轼自己与朋友斗茶的绮靡场景，在其词作中有所展示。苏轼一生爱酒，但似乎更爱茶。他说过："从来佳茗似佳人"。

蔡襄离任杭州知州24年后，即公元1089年，苏轼也成为杭州知州。他虽然笑骂杭州是"酒食地狱"，却是逢酒必喝，而且还是酒后必饮茶、斗茶。

苏轼藏有比龙凤小团茶更为珍贵的茶——密云龙小团茶，也是产自建州北苑茶场。公元 1079 年（宋神宗元丰二年），贾青担任福建路转运使，他把蔡襄创制的小团茶包装得更为精细，变成一斤 40 饼，还在每饼茶上印制了更为细密的龙形纹路，称为"密云龙"。这种产量极少的极品茶，一般王公大臣连见上一眼都难，苏轼却有幸获得了几饼。宋神宗时期，苏轼反对王安石变法。宋神宗去世后，一向反对变法的高太后（宋英宗的皇后）垂帘听政。她极为赏识苏轼，便特开天恩，私下里赏给苏轼几饼密云龙。

苏轼携带着几饼密云龙来到杭州。一般的朋友和同事来访，苏轼都用其他茶叶招待；只有"苏门四学士"（黄庭坚、秦观、晁补之、张耒）登门时，他才吩咐家人拿出密云龙把玩、品尝。时间一久，只要苏轼喊一声"取密云龙"，家人便知必定是苏门四学士到来。侍妾王朝云嘲笑苏轼这是"看人下茶"，不能以平等心待人。苏轼却笑道："不敢凭空浪费了好茶！"有一次，苏轼又在客厅里喊道："取密云龙来！"王朝云以为又是苏门四学士登门，上茶之时诧异地发现，此次来客是苏轼的新朋友廖正一。王朝云心想："此人如此年轻，却深受苏轼器重，将来必定有所作为。"果然，廖正一后来成为"苏门后四学士"的领衔人物。

有一次，廖正一来访，苏轼邀请几位好友作陪。大家先是一阵豪饮，酒兴将过，再撤酒换茶，斗茶作乐。待客人散尽，苏轼提笔写下了著名的《行香子·茶词》："绮席才终，欢意犹浓。酒阑时、高兴无穷。共夸君赐，初拆臣封。看分香饼，黄金缕，密云龙。　斗赢一水，功敌千钟。觉凉生、两腋清风。暂留红袖，少却纱笼。放笙歌散，庭馆静，略从容。""黄金缕"指的是蔡襄创制的小团茶，因为非常金贵，宋仁宗的宫女们常用金丝缠绕在其上。"斗赢一水"，是斗茶的术语，以茶杯上后出现水痕为胜，称作赢一水、两水。"功敌千钟"，是说一杯茶可解千盅酒。

酒兴已过，红袖暂留，几杯清茶正好用来解酒清心。虽然仍有佳人相陪，终究还是比酒局少了一些浮艳暧昧，多了几分清静雅致。席罢人散，庭馆渐静，内心从容，这或许正是大宋文人们想要在茶香中追求的境界吧。酒闹，茶静；大宋的文人们少不了酒，更离不开茶。他们总是先在酒精的哄闹中张扬个性，然后在茶香的清静中回归自我。

徽宗给臣子点茶

公元 1107 年，一个名叫赵佶的 26 岁文艺青年写了一本茶文化著作《茶论》，把小团茶的地位推向新的高度，也把点茶理论推向了巅峰。

赵佶是颇有建树的文艺青年。他在书法和绘画方面独树一帜，堪称一代宗师。书法上，他开创了别具一格的瘦金体；绘画上，其工笔花鸟画简直是神一般的存在（南宋邓椿《画继》说赵佶的绘画"艺极于神"）。赵佶诗词俱佳，文采飞扬，即使是《茶论》这样的理论著作，也被他写成了美文。

赵佶不是一般文艺青年，他有一个非常特殊的职业——皇帝。他就是后来的宋徽宗。皇帝的身份，决定了赵佶虽然是著名文青，但无论他如何兴致勃发，也不能像普通文青那样放浪不拘，而必须恪守上尊下卑的各种礼仪。比如，即使在酒桌上喝得再嗨，也不能推杯把盏，狂呼高歌。而在茶桌上似乎可以例外。比如，他可以放下架子，抢着动手，亲自给大臣们点茶。为了茶，宋徽宗愿意放下身段，暂做一阵纯粹的文艺青年。

徽宗朝的宰相蔡京，是个大奸臣，也是大文人，其书法、文章都可以排进天下前几名。蔡京与宋徽宗是儿女亲家，二人时常在一起谈文论道，交流茶艺。据蔡京记载，宋徽宗至少有三次亲手为他们这帮臣子点茶。

宣和元年（1119）九月十二日，宋徽宗在保和殿举办宴会，邀请蔡京等一帮重臣参加。蔡京等人在宫中一边走一边参观。到全真殿时，宋徽宗茶兴大发，命人呈上茶具，坐等泉水煮沸、茶叶碾细，然后他亲自动手为群臣点茶。只见宋徽宗手执黄金茶瓶，注水入盏，又用茶筅迅速击打茶汤，一层洁白的乳花（泡沫）迅速浮起，挤满了盏面。行家一出手，便知有没有。宋徽宗点茶出现的颜色和乳花，都显示出他是这个领域的顶尖高手。蔡京等人心悦诚服地叫好。宋徽宗略带得意地让群臣取茶自饮。皇帝给臣子点茶，这是难得的恩宠，蔡京等人诚惶诚恐地表示："陛下忽略君臣等级，竟亲自为臣下煮水调茶，臣等震悸惶怖，怎敢饮用？"宋徽宗微笑点头道："放松，放松。"

8天之后，再次享受皇帝亲手点茶的殊荣时，蔡京似乎没有那么震惊了。当天，宋徽宗带着宠幸的淑妃来到蔡京的鸣銮堂，这是他本年度第四次巡幸此地。在蔡京家中，宋徽宗再次亲自调水点茶，赐给左右饮用。

一年之后的十二月，宋徽宗在延福宫举办宴会，宰相、亲王等高官获邀赴宴。延福宫是专供宋徽宗游乐的建筑，极其富丽堂皇。宋徽宗心情大好，他命人取来茶具，再次亲自动手，向众臣献上一场超高水准的点茶表演。随着宋徽宗的手腕发力，只见黑色的茶盏上很快出现一层纯白的乳花，疏密相间，呈现出一幅疏星淡月的雅致画面。宋徽宗在《茶论》中曾这样评价点茶妙处："（茶盏上）疏星皎月，灿然而生，则茶之根本立矣。"可见他在理论和实践上达到了完全的统一，不愧是点茶界的绝顶高手。看到自己点出如此美妙的图案，宋徽宗也禁不住得意。他环视群臣，然后吩咐大家取杯自饮。群臣争先恐后品尝皇帝的茶艺，饮罢各个感激涕零，顿首拜谢。

作为天下至尊的帝王，宋徽宗为什么屡屡降贵纡尊，为大臣们点茶？他图的应是点茶过程中那种无与伦比的艺术享受吧。宋徽宗也曾亲手为大臣斟酒，但那只是权谋，是帝王笼络人心的手段；而亲手为大臣点茶则是艺术交流，是文人自我价值的体现，他能从中获得与写字画画一样的满足感。在满杯乳花中，在缕缕茶香中，赵佶体会到了作为个人的价值和快乐，那是一种与身份无关的纯粹满足。

大宋的茶是最接近大宋文人精神的一种存在。它之所以能让大宋文人心心念念，是因为它能让文人们认识到，"文人"的价值就在于"文"和"人"，与身份无关，与欲望无关，与其他一切无关。